ASPECTOS PSICOLÓGICOS DO DISCERNIMENTO VOCACIONAL

Giuseppe Crea
Vagner Sanagiotto

ASPECTOS PSICOLÓGICOS DO DISCERNIMENTO VOCACIONAL

Itinerário formativo para o discernimento das vocações

Prefácio de:
CARDEAL DOM JOÃO BRAZ DE AVIZ
Prefeito do Dicastério para os Institutos de
Vida Consagrada e as Sociedades de Vida Apostólica

Paulinas

Dados Internacionais de Catalogação na Publicação (CIP)
Angélica Ilacqua CRB-8/7057

Crea, Giuseppe
  Aspectos psicológicos do discernimento vocacional : itinerário formativo para o discernimento das vocações / Giuseppe Crea, Vagner Sanagiotto. - São Paulo : Paulinas, 2022.
  256 p. (Coleção Tendas)

Bibliografia
ISBN 978-65-5808-190-6

  1. Vocação sacerdotal – Aspectos psicológicos I. Título II. Sanagiotto, Vagner III. Série

22-6118   CDD 248.89

Índices para catálogo sistemático:
1. Vocação sacerdotal – Aspectos psicológicos

1ª edição – 2022
1ª reimpressão – 2024

Direção-geral:	*Ágda França*
Editores responsáveis:	*Vera Ivanise Bombonatto*
	Antonio Francisco Lelo
Copidesque:	*Ana Cecilia Mari*
Coordenação de revisão:	*Marina Mendonça*
Revisão:	*Sandra Sinzato*
Gerente de produção:	*Felício Calegaro Neto*
Capa e diagramação:	*Tiago Filu*
Imagem de capa:	*@ kevron2002/depositphotos.com*

Nenhuma parte desta obra poderá ser reproduzida ou transmitida por qualquer forma e/ou quaisquer meios (eletrônico ou mecânico, incluindo fotocópia e gravação) ou arquivada em qualquer sistema ou banco de dados sem permissão escrita da Editora. Direitos reservados.

Cadastre-se e receba nossas informações
www.paulinas.com.br
Telemarketing e SAC: 0800-7010081

Paulinas
Rua Dona Inácia Uchoa, 62
04110-020 – São Paulo – SP (Brasil)
📞 (11) 2125-3500
✉ editora@paulinas.com.br
© Pia Sociedade Filhas de São Paulo – São Paulo, 2022

Sumário

Prefácio 9
Introdução 13

I   O discernimento como processo de crescimento pessoal 19
    O lugar de encontro entre o crescimento humano
    e o crescimento espiritual 20
    Para um discernimento no tempo oportuno 23
    Reconhecer a identidade vocacional na história de vida 27
    A necessidade de um diagnóstico, quando nem tudo está claro 29
    Planilha para o discernimento: foco na vigilância
    e na conscientização 33

II A função educacional da fé no caminho do discernimento 35
    A fé como desenvolvimento da resposta vocacional 35
    Discernimento de fé: entre pontos fortes e fracos 40
    Da vulnerabilidade da desorientação ao desafio de escolher
    um estilo de vida 47
    Considerações para uma fé em contínua transformação 49
    Busca de significado e vontade de significado
    na proposta vocacional 52
    Religiosidade profética e religiosidade imatura 53
    Motivações religiosas e estilo de vida 56
    Uma fé que oscila entre convicções internas
    e utilitarismo externo 57
    As distorções de uma religiosidade humana demais para ser divina 60
    Docilidade à ação de Deus na prática do discernimento 66
    Planilha para o discernimento: concentre-se nas experiências de fé 69

III	Reanimar o discernimento em vista de um projeto de vida 71
	Chega de discernimento unilateral! 72
	Um discernimento que ajuda a mudar a vida das pessoas................. 73
	Harmonizar os dons recebidos 74
	Um discernimento permanente, comprometido com a vida.............. 78
	Planilha para o discernimento: concentrar-se na capacidade de integrar desejos ideais com a realidade da vida.............................. 80
IV	Escuta ativa como método de discernimento 81
	Pastoral vocacional e o cuidado das vocações.................................... 82
	Um percurso formativo adaptado às relações recíprocas e autênticas... 84
	A importância da escuta para o discernimento................................... 86
	Um discernimento dialógico transformador que compromete toda a vida... 90
	A narração da história como uma tarefa educacional........................ 92
	Planilha para o discernimento: foco na escuta personalizada 98
V	Itinerários psicológicos no processo de discernimento.................... 99
	Por uma nova concepção de ser humano.. 100
	Atenção às necessidades como um processo educacional gradual e prospectivo... 101
	A capacidade de ter experiências adequadas com o próprio crescimento... 104
	Autorrealização e autenticidade no modo de enfrentar a realidade 107
	Por um dinamismo criativo na construção de uma personalidade "sana".. 110
	Os limites de uma visão educativa centrada no indivíduo............... 115
	Planilha para o discernimento: foco em alguns critérios psicológicos do crescimento humano 117
VI	O caminho do discernimento: por uma história gradual e projetual.. 119
	Um modelo de desenvolvimento: o eu e os outros 121
	Saber discernir nos diferentes estágios evolutivos 124

História do desenvolvimento como história vocacional 126
Crises evolutivas e ambiente psicossocial 128
Indicadores de crescimento nos estágios iniciais
de desenvolvimento 131
Indicadores de crescimento nas escolhas feitas na vida 137
O discernimento na velhice 145
Planilha para o discernimento: enfoque nas fases de
crescimento vocacional 149

VII Personalidade, mudança e discernimento 151

A psicologia das diferenças individuais 153
Qual temperamento discernir e para qual vocação 157
Variabilidade nos tipos psicológicos e psicodiagnóstico vocacional 159
Preferências de temperamento e capacidade adaptativa 162
Diferenças individuais no discernimento comunitário 165
O valor educacional do próprio modo de ser 169
Estilo relacional e transformação 170
Colaboração e integração das diversidades individuais 173
Preferências individuais e colaboração interpessoal
no percurso formativo 180
Um mapa cognitivo da personalidade 186
Um caminho de vigilância que permite abrir-nos ao
desígnio de Deus 188
Planilha para o discernimento: foco na personalidade 190

VIII A tomada de decisão e o crescimento interpessoal
no percurso do discernimento 191

Vínculos construtivos na perspectiva do acompanhamento
vocacional 193
O sentido vocacional da existência na concretude
do comportamento 195
O discernimento dos sinais vocacionais
no comportamento interpessoal 199
As dimensões dos comportamentos interpessoais 201

Processo de corregulação e fortalecimento motivacional
no crescimento vocacional 204

Como as relações recíprocas facilitam o crescimento vocacional 211

Quando a escolha vocacional está impregnada
por motivações superficiais 214

A tomada de decisão nos comportamentos contrários
ao discernimento 219

Ativar comportamentos opostos para interromper a indecisão 220

Planilha para o discernimento: foco nos processos de tomada
de decisão no comportamento interpessoal 226

IX Por um caminho de discernimento que caracterize
toda a existência 227

A longa jornada transformadora daqueles que buscam
fazer a vontade de Deus 228

O aspecto transformador das relações interpessoais 232

Discernimento permanente e fidelidade na tomada de decisões.... 234

Três critérios operacionais para se ter presentes 236

O fruto do discernimento é uma explosão de caridade 239

Planilha para o discernimento: resumo final 241

Bibliografia 243

Prefácio

O livro *Aspectos psicológicos do discernimento vocacional* representa um válido esforço de integração da psicologia nos processos de discernimento vocacional. O ponto de encontro desse processo é a história de vida, entendida como chave vocacional, na qual se reconhece no discernimento um caminho de diálogo que caracteriza o crescimento humano-espiritual de cada indivíduo. A obra introduz os responsáveis pelo discernimento vocacional (pastoral vocacional, formadores, superiores etc.) no conhecimento das aptidões psicológicas para o acompanhamento dos candidatos à vida religiosa e presbiteral, seja nas etapas iniciais do período formativo, seja nas etapas sucessivas da formação permanente.

O discernimento, como proposto nas páginas deste livro, parte do princípio de que existem motivações interiores que precisam de vigilância constante, para ajudar quem é chamado por Deus a distinguir, entre as tantas vozes, aquilo que condiz com os ideais vocacionais professados. A proposta é de um discernimento que permita fazer escolhas, mas que, acima de tudo, possibilite o desenvolvimento de projetos formativos de caráter preventivo.

O discernimento preventivo acolhe e envolve a pessoa na totalidade da sua história, descobrindo sinais do pertencimento a uma comunidade de fé, não somente como uma narração linear de fatos sucessivos, mas à luz de uma história vocacional. Nesse ponto, a história de vida se torna uma história vocacional de caráter evolutivo, gerando como fruto uma identidade humana única e irrepetível, que busca responder ao chamado de Deus em meio as tantas fragilidades humanas.

Além disso, o conhecimento de situações problemáticas que possam dificultar a resposta e a fidelidade vocacional requer um discernimento no tempo oportuno. Nesse ponto, a ajuda de profissionais qualificados, para se obter um "diagnóstico" adequado, auxilia na tomada de decisão e, também, na realização de um projeto formativo que seja aplicado do ponto de vista formativo.

O livro se concentra em oferecer elementos teóricos e práticos que ajudem a repensar o estilo de formação, para renovar as atitudes básicas necessárias ao processo de discernimento. Antes de mais nada, os autores sublinham a importância da fé no caminho do discernimento, especificamente o seu papel integrador da existência humana. Em outras palavras, o discernimento tem sentido quando a resposta ao chamado de Deus dinamiza o crescimento do indivíduo no serviço ao próximo.

A proposta contida nestas páginas convida a reumanizar o discernimento, mediante a elaboração de um projeto vocacional que integre o protagonismo pessoal, ativo e corajoso, que ajude na mudança de vida, harmonizando os dons recebidos em um processo contínuo e unificador da própria identidade. O discernimento, assim entendido, assume o caráter de missão, no qual o indivíduo se compromete a zelar pelos sinais do crescimento pessoal por meio da integração entre o ideal e a realidade, com atenção específica para diversas formas de fragmentação que podem emergir das vivências de cada um.

A par da riqueza dos vários contributos psicológicos, emerge um discernimento caracterizado por uma história contínua e projetual, marcada por fases progressivas de crescimento e maturação, acompanhadas por crises características do processo evolutivo da pessoa. A esse respeito, a obra oferece indicações úteis para o trabalho de discernimento, propondo estímulos para a reflexão e a discussão educativa para cada etapa evolutiva. Isso é importante principalmente na idade adulta, quando a pessoa é chamada a "gerar" novas oportunidades de sentido, a dizer seu sim vocacional sem diminuir as suas motivações interiores.

Ao longo dos capítulos deste livro, somos convidados repetidamente a considerar as experiências reais dos formandos nos contextos relacionais das comunidades formadoras, prevendo uma geração de formadores capazes de ler os sinais do chamado de Deus, que nunca cessa de convidar novos trabalhadores para a sua vinha.

O sentido vocacional da existência torna-se, assim, uma perspectiva formativa, que compromete o indivíduo diante das grandes escolhas da vida, passando pela concretude dos comportamentos relacionais, promotores de uma espiritualidade de comunhão que educa o coração de cada pessoa. Nesse sentido, a vivência do discernimento torna-se formativa e transformadora, graças à relação que se constrói cotidianamente, com intervenções relacionais positivas, em que formador e formando aprendem juntos a acolher o chamado de Deus a uma vocação específica.

Diante do que foi exposto neste prefácio, o livro é uma proposta concreta, uma síntese que, com uma abordagem integrada entre as ciências psicológicas e um caminho de fé, representa um valioso contributo para a formação permanente de todos aqueles que estão envolvidos com o processo de discernimento.

Cardeal Dom João Braz de Aviz
Prefeito do Dicastério para os Institutos de Vida Consagrada
e as Sociedades de Vida Apostólica

Introdução

O que é o discernimento? Como discernir uma vocação? Quantas vezes fizemos perguntas como essas no acompanhamento vocacional, no discernimento de uma vocação, principalmente quando nos propomos saber qual é a vontade de Deus para uma determinada vida. Toda vez que tentamos dar uma resposta precisa, deparamo-nos com algumas incertezas, justamente porque não estamos simplesmente tomando qualquer decisão, mas, sim, temos diante de nós uma vida, uma vocação.

No entanto, o discernimento está na base de qualquer escolha de vida. Para alguns, discernir vem como uma intuição, uma iluminação, da qual o indivíduo passa da confusão de muitos "porquês" para a certeza de uma escolha que parece ser a única possível, o caminho correto a ser trilhado. Para outros, porém, o discernimento é permanente, uma jornada que dura toda a vida e se manifesta como fruto da perseverança.

Este livro tem como objetivo ajudar o leitor a buscar respostas que estão entre a intuição e a processualidade. O discernimento não é apenas uma técnica que colocamos em ato para decidir se alguém que bate à porta dos nossos conventos ou do seminário diocesano está apto ou não para continuar ou iniciar um percurso formativo. Ele é um método que abarca a vida em todos os seus aspectos, inclusive na formação permanente.

Indicamos dois critérios básicos, como fio condutor das páginas deste livro:

1. o primeiro critério é que toda história de vida é a história de um discernimento, feito dia após dia, embora entre muitas adversidades;
2. o segundo critério é que o discernimento não é realizado sozinho, mas junto com os outros, em uma perspectiva comunitário-eclesial.

As duas dimensões a que nos referimos (evolutiva e relacional) não dizem respeito apenas a escolhas episódicas ou temporárias, mas caracterizam toda a jornada da existência humana. Com efeito, o ser humano, saído das mãos do Criador, experimenta continuamente, no fundo do seu ser, o desejo de responder à comunhão com aquele que dá sentido à existência. Como proposta educativa, o discernimento é um projeto mais amplo, destinado a reconhecer a ação criadora de Deus na história, para, a partir disso, colaborar com ele na resposta vocacional: "a razão mais sublime da dignidade do homem consiste na sua vocação à união com Deus. É desde o começo da sua existência que o homem é convidado a dialogar com Deus [...]" (Concílio Vaticano II, 1998, n. 19).

As diferentes abordagens psicológicas que apresentamos nas páginas deste livro situam-se nesta linha: ajudam a examinar as diferentes dimensões do psiquismo humano, a partir da convicção de que cada pessoa tem aspirações profundas que as abrem ao sentido da sua vida. "O homem tem no coração uma lei escrita pelo próprio Deus" (ibid., n. 16), e o seu desejo mais profundo é regular toda a sua existência com base nessa lei. As ciências psicológicas podem contribuir com esse caminho, porque ajudam a entrar em sintonia com o chamado de Deus, a descobrir o sentido orientador da existência e a integrar os diversos aspectos de si mesmo com a vocação.

Aceitar o convite de discernir a vocação significa assumir a história de vida como uma "história vocacional", que se traduz em escolhas cotidianas que orientam o olhar para a frente, confiante de que "nos desígnios de Deus, cada homem é chamado a desenvolver-se, porque toda a vida é vocação" (Paulo VI, 1967, n. 15). Significa, também, abrir-se a um percurso educativo entendido como caminho de crescimento pessoal, capaz de responder às próprias aspirações espirituais, realizando, assim, o desejo de comunhão com Deus.

Esse processo educativo abrange aqueles que participam da pastoral vocacional (superiores, formadores etc.), justamente porque, através de um acompanhamento paciente e perseverante, eles se envolvem com quem procuram fazer a vontade de Deus nos acontecimentos da sua própria história. Com efeito, toda procura vocacional só pode realizar-se numa relação de autenticidade entre quem orienta e quem se deixa orientar, para que distingam juntos os sinais do chamado daquele que nos convida a ser dom para os outros. Por isso, o discernimento não é um assunto privado, mas uma experiência da Igreja, uma experiência de comunhão.

"Dizer que o desenvolvimento é vocação equivale a reconhecer, por um lado, que o mesmo nasce de um apelo transcendente e, por outro, que é incapaz, por si mesmo, de atribuir-se o próprio significado último" (Bento XVI, 2009, n. 16). É necessário, portanto, redescobrir o sentido último e definitivo da própria vida na dinâmica relacional de um acompanhamento formativo. Assim, o desenvolvimento vocacional que caracteriza a existência de cada um torna-se não tanto uma técnica, mas um método valioso, um modo de vida que caracteriza o crescimento humano e a própria resposta de fé. Um método que nos obriga a passar das boas intenções, muitas vezes submetidas a muitas condições ("gostaria de seguir um determinado caminho, mas..."), aos fatos que requerem escolhas e, sobretudo, continuidade nas decisões tomadas.

O empenho em estabelecer relações autênticas num caminho de discernimento vocacional é um convite a confrontar-se com aqueles que têm a tarefa pastoral de orientar um caminho formativo. O discernimento em conjunto permite verificar quais são os sinais tangíveis da voz de Deus. Tal percurso passa pelo conhecimento do próprio mundo intrapsíquico, das próprias atitudes, das próprias motivações, mas também das fragilidades e dos medos, harmonizando o que caracteriza cada pessoa, numa mesma perspectiva vocacional. Só assim será possível passar do desejo fantasiado à decisão concreta, formulando o "sim" com o coração aberto para acolher o dom recebido.

A partir dessas considerações, pretendemos, nas páginas que seguem, indicar um percurso educativo que ajude a reconhecer os sinais da história vocacional, num percurso interpessoal caracterizado pelo desejo comum do Absoluto. A abordagem psicopedagógica, considerada por nós, evidencia como o envolvimento intersubjetivo educa para a experiência de um discernimento permanente, que ajuda a reconhecer os dons recebidos e a valorizá-los para o Reino de Deus. É esse discernimento que nos permite "formar pessoas sólidas e capazes de colaborar com os outros e dar sentido à própria vida" (id., 2008).

Ao longo dos dois últimos anos, estamos estudando profundamente as novas vocações à vida religiosa e presbiteral no Brasil. O nosso ponto de partida foi descrever o contexto sociocultural de onde "nascem" as vocações que batem às portas dos nossos seminários e conventos (Sanagiotto, 2020), onde sentimos a necessidade de abordar a temática da formação à afetividade (Sanagiotto; Pacciolla, 2020), considerando principalmente o perfil psicológico das novas vocações (Sanagiotto; Crea, 2021). Diante desse contexto, questionamo-nos como fazer o discernimento vocacional na perspectiva de um itinerário formativo.

I   O DISCERNIMENTO COMO PROCESSO DE CRESCIMENTO PESSOAL

A dimensão espiritual do discernimento desde sempre foi considerada a principal maneira de conhecer a vontade de Deus, para se fazer escolhas que abram o coração às realidades futuras, predispondo o indivíduo a um estilo de vida coerente com as aspirações mais profundas de ser criado à imagem e semelhança de Deus.

Antônio, pai dos monges, dizia que "o caminho mais adequado para ser conduzido até Deus é o discernimento, chamado no Evangelho, os olhos e a lâmpada do corpo (Mt 6,22-23). De fato, discerne todos os pensamentos e as ações do homem, examina claramente o que se deve realizar" (Cassiano, 2000). Ainda conforme o mesmo livro, o discernimento é definido pelos padres do deserto como "a mãe e guardiã de todas as virtudes" (ibid., n. 4), a ponto de torná-lo objeto de constante busca e meditação para aqueles que se propõe a escutar a voz de Deus; somente depois que aprender a discernir a voz de Deus, alguém poderá ajudar aqueles que desejam fazer a mesma experiência espiritual.

Portanto, o discernimento é um caminho de vida que direciona o coração de todo ser humano a redescobrir a vontade de Deus, isto é, uma virtude especial que habilita à vigilância e à conscientização, um dom que abre ao reconhecimento da ação do Espírito na vida de alguém. A dimensão espiritual do discernimento era muito clara para os padres do deserto, que invocavam o Espírito Santo para dirigir seus comportamentos e moldar suas escolhas. Ainda hoje a Igreja experimenta a relevância desse "exercício espiritual" nas muitas ocasiões que a acompanha, ciente de que é um trabalho lento e perseverante, que leva todos os homens e mulheres a serem modelados pelas infinitas possibilidades que Deus disponibiliza para professarem o "sim" de maneira definitiva.

Conhecer o projeto vocacional é obra de Deus, que atua graças à ação do Espírito. Como diz São Paulo: "o que os olhos não viram, os ouvidos não ouviram, e o coração do homem não percebeu, isso Deus preparou para aqueles que o amam. A nós, porém, Deus o revelou pelo Espírito, pois o Espírito sonda todas as coisas, até mesmo as profundidades de Deus. [...] Quanto a nós, não recebemos o espírito do mundo, mas o Espírito que vem de Deus, a fim de que conheçamos os dons da graça de Deus" (1Cor 2,9–10,12).

No discernimento, a pessoa aprende a acolher essa ação de Deus, com a qual é possível descobrir, na fragilidade de sua existência, aquela força interior que permite entender a sua vontade, predispondo-se aos critérios de um amor oblativo, que se manifesta na perspectiva de uma escolha de vida: "a presença do Espírito confere aos cristãos uma certa conaturalidade com as realidades divinas e uma sabedoria que lhes permite captá-las intuitivamente, embora não possuam os meios adequados para expressá-las com precisão" (Francisco, 2013c, n. 119). A obra do Espírito Santo contribui decisivamente para desvelar essas realidades para tornar visível o que, humanamente falando, parece ser invisível, formando cada pessoa de boa vontade a deixar-se plasmar pela misericórdia de Deus.

O lugar de encontro entre o crescimento humano e o crescimento espiritual

O discernimento no Antigo Testamento nos leva de volta à experiência de Moisés, assistido pelos anciãos (Ex 18,23-26), o qual responde às solicitações do povo para participar da vontade de Deus; mas também à experiência dos juízes, que "julgarão o povo com sentenças justas" (Dt 16,18), assim como fazem os sacerdotes do povo que se colocam como mediadores da lei divina (Dt 17,8-13). No entanto, será sobretudo no Novo Testamento que o discernimento adquire um significado de crescimento progressivo, direcionado para a novidade que é Cristo: é assim que o cristão pode conhecer, julgar e interpretar os tempos messiânicos. É o clamor de Jesus aos fariseus, que foram capazes de interpretar os sinais dos tempos, mas não de ler o tempo das coisas de Deus. Também São Paulo Apóstolo identifica no discernimento uma vigilância entre os diferentes carismas (1Cor 12,10), enquanto São João sublinha o aspecto cognitivo, entendido como conhecimento experimental e progressivo, que permite distinguir o bem do mal.

Precisamente porque é uma realidade espiritual que atravessa a concretude experiencial da existência humana, o discernimento ocorre na presença de Deus, que se revela nos sinais concretos, que podem orientar as escolhas. Por isso que se trata de um caminho dinâmico e não estático, um caminho de vida que permite olhar as ações, as atitudes e pensamentos como oportunidades de crescimento orientadas para a nova vida do Evangelho.

Mas, acima de tudo, a experiência vital do discernimento evidencia a ativação de um processo de mudança, porque acende no coração humano o desejo de responder à vontade de Deus. Cada ser humano carrega consigo essa aspiração profunda, que o compromete a ser um descobridor das coisas de Deus ao longo do desafiador caminho da existência. Por isso, dia após dia, aprende-se a "crescer na compreensão do Evangelho e no discernimento das sendas do Espírito" (Francisco, 2013c,

n. 45), sem renunciar ao bem possível, ainda que corra o risco de "sujar-se" com a lama da estrada.

Dessa maneira, delineia-se uma visão de discernimento que faz parte da história de conversão, na qual a pessoa, na sua humanidade, com as suas fragilidades, aprende a colaborar com a ação do Espírito. De fato, chega o momento em que, para responder a um projeto de vida, aprende-se a deixar-se transformar pela ação do Espírito, que "age por meio de nossas qualidades intelectuais, portanto, estas devem ser reconhecidas com docilidade e implementadas, para que o fiel seja capacitado a receber esse dom" (Bianchi, 2017, p. 2). Assim entendido, o discernimento se torna um ponto de encontro entre a história pessoal e a história da fé: se a fé é o terreno privilegiado para o encontro com Deus, a história pessoal é o espaço onde esse encontro acontece.

Para fazer isso, é necessário saber "ver", "ouvir", "pensar", para vigiar sobre a presença de Deus, para conhecer o que acontece na vida de alguém, para reler na própria existência os sinais de um chamado. Nessa atitude atenta, o indivíduo poderá tirar proveito da sinergia entre a ação do Espírito e o trabalho de transformação psicoeducativo que será ativado por meio dos encontros formativos, dos encontros vocacionais, do acompanhamento espiritual, dos projetos formativos, ou seja, através dos instrumentos que beneficiam a abertura da mente e do coração às coisas de Deus. Dessa forma, aprende-se a entrar em contato com os eventos da vida, aprende-se a reconhecer o que vem de Deus e a aceitá-lo como o cumprimento de uma promessa de amor que requer constância e fidelidade na resposta.

Essa atitude de paciente atenção nos leva a concluir que quem discerne é um "ouvinte" da ação de Deus na própria vida e na vida do mundo. Um ouvinte da voz de Deus que se manifesta no sussurro da brisa leve (1Rs 19,12), que sopra nas muitas condições de vida em que Deus se faz ouvir, mas que exige que o homem se coloque em uma atitude de escuta ativa e acolhedora. Por esse motivo, é necessário formar-se para saber compreender os sinais da vontade de Deus e de sua Palavra, que se torna uma voz "sussurrante" nos eventos da história e nos sinais dos tempos. Discernir significa "uma prática para permanecer firme e confiante na Palavra que é Cristo" (Bianchi, 2017, p. 3).

Desse modo, a atenção às coisas espirituais torna-se atenção às profundezas do coração, para reconhecer a presença do Senhor que se manifesta com sua vontade e pede para colaborar com ele. Assim, o discernimento se torna parte de um caminho de comunhão com Deus, a fim de estar em sintonia com ele, porque somente assim é possível discernir o que lhe agrada e traduzi-lo em uma escolha radical a seguir.

De fato, para essa comunhão com o divino não basta apenas desejá-la, nem somente idealizá-la, mas é necessário alcançá-la através de respostas que toquem a vida. Na totalidade do ser que é interpelado, existe um compromisso que envolve a integridade da pessoa feita à imagem do Criador. O discernimento, entendido como principal caminho para toda escolha de vida, visa a isso: tornar-se um caminho que educa a mente e o coração a reconhecer as coisas de Deus e realizá-las em um projeto vocacional.

Para um discernimento no tempo oportuno

Nestes tempos difíceis, nos quais parece dominar o que é temporário em um clima de globalização ilusória, é necessário redescobrir e ressignificar o que é essencial na existência de alguém, principalmente quando tudo indica que não vale a pena fazer escolhas que comprometam a vida de maneira duradoura. Por esse motivo, surge um particular interesse em desenvolver um discernimento que seja oportuno, no contexto em que alguém decide dar uma resposta e se comprometer diante dos sinais evidentes dos planos de Deus para a sua vida.

Essa solicitude tem caráter educativo, pois, quem se pergunta por uma vocação, é porque já consegue distinguir, nos diferentes processos do desenvolvimento humano, a importância de tomar decisões cruciais na sua vida (na escola, no trabalho, nos relacionamentos etc.). Por isso que o discernimento deve considerar todo o percurso da vida, para que se torne um método existencial que considere o ser humano que está em constante transformação, a fim de alcançar a projetualidade vocacional, que passa através dos eventos da história individual.

Para facilitar essa orientação em relação às escolhas maduras, é possível usar critérios de avaliação que favoreçam a compreensão das características do indivíduo, principalmente nos períodos que antecedem a entrada em um processo de formação específica. Da mesma forma, é necessário reconhecer oportunamente certas situações psicológicas que requerem atenção formativa especial, conforme indicado no documento eclesial que aborda esse assunto.

"É necessário, desde o momento em que o candidato se apresenta para ser recebido no seminário, que o formador possa conhecer cuidadosamente a sua personalidade, as potencialidades, as disposições e os diversos tipos eventuais de feridas, avaliando a natureza e a intensidade. [...] O discernimento, no momento oportuno, dos eventuais problemas que constituem um obstáculo ao caminho vocacional – como a dependência afetiva excessiva, a agressividade desproporcionada, a insuficiente capacidade em manter-se fiel aos compromissos assumidos e em estabelecer relações serenas de abertura, de confiança e de colaboração fraterna e com a autoridade, a identidade sexual confusa ou ainda não bem definida – só pode ser de grande benefício para a pessoa, para as instituições vocacionais e para a Igreja" (Congregação para a Educação Católica, 2008, n. 8).

Além disso, o discernimento oportuno, com o suporte de especialistas em saúde mental, permite-nos delinear programas de intervenção formativa preventiva que considere as fragilidades de cada um. Isso é possível na medida em que esse discernimento seja feito nos estágios iniciais, e não quando somos forçados, por circunstâncias insustentáveis e perigosas, a fazer escolhas dolorosas, seguindo o critério da necessidade do momento: "o que é aparentemente incontrolável em circunstâncias difíceis é controlável em seus estágios iniciais" (Bandura, 2017, p. 65).

Essa preocupação antecipada lembra o estilo de uma formação integral e preventiva, que se concentre no reconhecimento dos aspectos construtivos da pessoa, como um método valioso para evitar situações e comportamentos de desvio ético e moral. A clareza diagnóstica do que é observado, em um clima de atenção amorosa, permitirá realizar intervenções educativas, com a consciência de que "quem sabe que é amado, ama; e quem é amado recebe tudo, especialmente dos jovens. Essa confiança coloca uma corrente eletrizante entre os jovens e os educadores. Os corações se abrem e tornam conhecidas suas necessidades e revelam seus defeitos" (Dom Bosco, 1984).

Portanto, a ação no tempo oportuno não se destina apenas a uma reação urgente quando é tarde demais, como ocorre nas congregações religiosas ou nas dioceses, quando nos deparamos com eventos patológicos que – como sabemos, com tristeza – mais tarde vieram a se tornar causa de escândalo (vejam os casos de abusos sexuais). Agir no tempo oportuno é um método de crescimento existencial, é ativar as motivações internas que estão correlacionadas com os objetivos vocacionais, que precisam de vigilância constante para se discernir o que está em sintonia com os propósitos de vida, pois, do contrário, isso poderá tornar-se um problema.

Agir preventivamente é muito mais eficaz, principalmente nas etapas iniciais do processo formativo, como ocorre no percurso do discernimento. A formação não pode ser entendida como uma porta de ingresso para quem se adéqua a determinados comportamentos ou estilo espiritual, exigidos para continuar em uma determinada congregação ou diocese, mas deve ser uma grande oportunidade para confirmar a presença dos sinais vocacionais. Talvez possa tornar-se uma ocasião para se fazer escolhas diferentes, se for necessário, porque no discernimento é possível fazer opções corajosas que influenciarão o estilo de vida de quem discerne.

Diante de comportamentos "disfuncionais" e psicologicamente incompatíveis, é muito mais formativo uma ação "preventiva" que ajude a pessoa a abrir-se a uma projetualidade diferente, do que delegar isso a tempos melhores ou a ações repressivas feitas ao longo do processo formativo, que geralmente se demonstram ineficazes.

Portanto, o conhecimento da pessoa e o discernimento oportuno de situações inusitadas são duas condições indispensáveis para facilitar um acompanhamento baseado na realidade específica de cada indivíduo. É um trabalho educativo que não pode ser improvisado nem resolvido com boas intenções ou baseado na intuição. "Esta é uma operação complexa, não espontânea; articulada, não imediata; individual ou comunitária, mas sempre aberta à discussão. Por isso, é necessária uma educação para o discernimento, mas sobretudo na perspectiva vocacional"

(Cencini, 2008b, p. 333), que ajude não somente a esclarecer os sinais de um projeto de vida, mas, sobretudo, que permita identificar a especificidade da própria vocação, dentro de um projeto de vida que realmente corresponda à vontade de Deus.

Reconhecer a identidade vocacional na história de vida

As pessoas que batem à porta de um convento – de uma congregação religiosa, de uma diocese ou mesmo no caso da vida matrimonial – desejam fazer um caminho no qual querem sentir-se ativamente envolvidas na descoberta do projeto de Deus. Aquele que abre a porta se envolve em um caminho a ser feito em conjunto, encontrando na relação e na escuta duas atitudes fundamentais.

Com efeito, a relação que se estabelece entre quem acompanha e quem é acompanhado predispõe os interlocutores a um sentido de confiança em Deus, em si próprios, alargando um processo de conhecimento recíproco que lhes permite descobrir novos horizontes de sentido no processo de busca vocacional. Essa dinâmica implica participação em diferentes níveis.

Antes de tudo, no nível do *conhecimento de si mesmo*. Para conhecer o outro é preciso conhecer-se um pouco, entrar em contato com a sua própria realidade, ser capaz de uma introspecção suficiente que lhe permita aproximar-se do seu próprio mundo interior, identificando os componentes construtivos à disposição, para relê-los na ótica da fé.

Esse é o primeiro objetivo de um itinerário de discernimento, porque, ao discernir os sinais do chamado no outro, aprendemos a recontá-lo a nós mesmos; ao exigir do outro, aprendemos a exigir de nós mesmos, isto é, aprendemos a identificar uma parte da nossa identidade no projeto vocacional que queremos reconhecer em quem está à nossa frente. "É sabido que a história pessoal de cada um é única e só quem conhece esta história, este passado, pode esperar compreender alguém e trabalhar pela sua formação" (Goya, 1985, p. 58-59).

Essa sensibilidade ao valor da realidade deixa espaço para a *acolhida mútua das diferenças*. De fato, o conhecimento de si mesmo e a consciência das próprias competências ajudam a avaliar a natureza e a intensidade das diferenças do outro. A atenção ao mundo interior (na oração, na contemplação, na experiência vivida da fé, no modo de viver a experiência vocacional) facilita o acompanhamento vocacional do outro, participando de sua busca de forma proativa e construtiva.

Além disso, esse conhecimento reforça o *sentido de pertencimento* e gratidão recíproca, pois destaca a descoberta da vontade comum em responder ao projeto de Deus, sabendo que o caminho do discernimento serve para delinear uma resposta vocacional que coloca formador e formando na escuta de um projeto que não é apenas o resultado de boas disposições humanas, mas, acima de tudo, um dom de Deus. Descobrir juntos a continuidade desse dom, nas adversidades da história de vida, é o método que caracteriza o acompanhamento no processo de discernimento.

Essa comunalidade de propósitos permite que os responsáveis pelas vocações e o indivíduo em busca de responder ao chamado de Deus façam um caminho que lhe consinta conhecer a *continuidade de sua história vocacional* e, também, confirmá-la no momento presente, sempre que a pessoa questionar o porquê de sua própria existência. "Os carismas continuam a viver enquanto geram pessoas livres, que encontraram uma voz que fala de um arbusto em chamas enquanto apascentam um rebanho, ou a reconhecem como a voz profunda que sempre viveu nele (se já não estivesse dentro de nós, não saberíamos como reconhecê-la como uma boa voz e obedecê-la)" (Bruni, 2015, p. 76).

Essa disposição de se deixar questionar pela voz de Deus favorece a construção de um "nós" inclusivo das novidades que podem surgir nos diferentes momentos do encontro e que caracterizam um percurso de discernimento.

Ao dar continuidade ao acompanhamento, o indivíduo aprenderá cada vez mais a contar sua própria história de vida e a reconhecer, nessa narração, o sentido e a perspectiva de sua identidade. Aprenderá a descobrir, com a ajuda do formador, os aspectos de continuidade e variação presentes em sua vocação e, também, a conjugá-los com a abertura à alteridade que caracteriza toda a missão da Igreja (João Paulo II, 1990, n. 40).

No trabalho que o acompanha, continuará reconhecendo a constância de um intercâmbio continuativo e a variabilidade das muitas oportunidades que o encontro com o outro permite emergir. "A narrativa progressiva tem uma importante função social que pressupõe, por um lado, a necessidade de estabilidade e, por outro, a necessidade de mudança em direção positiva" (Scilligo, 2002, p. 97).

Assim como é possível reconhecer a própria identidade vocacional dentro dos eventos da própria história, da mesma forma, no acompanhamento vocacional, será possível identificar os sinais do chamado de Deus no confronto com o outro e aceitar o convite para sair de si mesmo, para ser fonte de alegria para o outro.

A necessidade de um diagnóstico, quando nem tudo está claro

A perspectiva da descoberta vocacional que queremos delinear se manifesta na história de vida da pessoa, pois Deus se revela em sua realidade concreta, em que cada um é chamado a reconhecer os sinais desse apelo vocacional, acompanhado por quem tem a tarefa de segui-lo nesse caminho. Essa perspectiva assume um caráter eminentemente evolutivo, uma vez que é no desenvolvimento da própria existência que o indivíduo será capaz de perceber o convite para seguir aquele que dá sentido ao seu futuro. Mas também tem caráter educativo, a partir do momento em que é um caminho a ser feito em conjunto, já que todo percurso de discernimento é história relacional com caráter transformador.

Nesse caminho, pode haver momentos de confusão, de desorientação, nos quais as fragilidades internas se misturam ao desejo vocacional, em que o sujeito confunde o apelo de Deus com as suas próprias falhas ou necessidades não resolvidas, iludindo-se de que ele pode resolvê-las, numa escolha de vida que, no entanto, nada tem a ver com a vontade de Deus.

"O respeito e o reconhecimento da dignidade que todo ser humano merece não devem ser confundidos com um 'bem-vindo' em seminários e comunidades que, muitas vezes, após um primeiro impulso generoso, se veem incapazes de administrar personalidades verdadeiramente complexas [...]. Porque, quando se consegue avaliar com antecedência a probabilidade de dificuldades psicológicas que possam comprometer seriamente o andamento do percurso formativo, melhor será o benefício que a pessoa recebe, porque poderá ser orientada em outro caminho mais adequado a ela; sem contar os benefícios para a comunidade que normalmente não possui os recursos suficientes para gerenciar estruturas de personalidade muito complexas" (D'Urbano, 2018, p. 53).

Portanto, a capacidade de reconhecer se existem situações problemáticas que podem dificultar a resposta vocacional, também com o "recurso a especialistas em ciências psicológicas, quer antes da admissão ao seminário, quer durante o caminho formativo" (Congregação para a Educação Católica, 2008, n. 5), tende a contribuir para o discernimento vocacional.

Quando o responsável pelo discernimento vocacional percebe que não conhece o assunto adequadamente, ou quando duvida da presença de distúrbios psíquicos, pode recorrer à ajuda de profissionais qualificados, competentes e especializados no campo psicopedagógico, capazes de fornecer um diagnóstico sobre problemas emergentes. Tais intervenções são particularmente importantes para facilitar o desenvolvimento de um programa de formação personalizado, sobretudo no período de discernimento inicial (ibid., n. 8), quando se percebem as dificuldades psicológicas do sujeito.

Ao mesmo tempo, a contribuição de um especialista externo não deve ser a única fonte de avaliação, mas, antes, ser integrada e aprimorada em um percurso que considere, além dos pontos fortes, também os aspectos problemáticos que surgiram, por exemplo, em uma psicodiagnose. Em outras palavras, não basta pedir que se façam testes psicológicos para completar o dossiê do candidato, antes de entrar no seminário ou no convento, ainda que determinada diocese ou congregação ordene que seja assim. Os testes psicológicos não podem ser usados para avaliar a presença de contraindicações à vida religiosa ou presbiteral, ainda mais quando são utilizados como única fonte de avaliação vocacional.

Portanto, cada intervenção de tipo psicológico (uma diagnose ou uma psicoterapia) deverá ser conduzida com uma ótica psicoeducativa e projetual (Crea, 2019). Desse modo, poder-se-á evitar distinguir o componente humano daquele espiritual, criando, ao invés, uma sinergia entre os diversos âmbitos de ação, já que um conhecimento amplo e profundo do aspecto humano consente uma melhor valorização dos recursos à disposição, além de uma atenta avaliação do longo caminho vocacional.

É por isso que se orienta que a ajuda de um profissional externo não seja casual, mas programada, antecedida por um encontro no qual se deixem explícitos "os objetivos, as funções e o impacto" que determinada intervenção terá sobre o processo formativo, planejando momentos nos quais se verifique se o percurso formativo está possibilitando alguma mudança. Por isso, não é suficiente delegar o discernimento a um profissional externo, mas, sim, que o formador aprenda a integrar os conhecimentos e as descobertas da psicologia no interno do acompanhamento formativo: "isso exige que cada formador tenha a sensibilidade e a preparação psicológica adequadas para estar, tanto quanto possível, em grau de perceber as reais motivações do candidato, de discernir os obstáculos na integração entre a maturidade humana e cristã e as eventuais psicopatologias" (Congregação para a Educação Católica, 2008, n. 4).

Os resultados que surgirem ajudarão a delinear um quadro mais articulado, em vista de um processo educativo não mais centrado na presença/ausência de obstáculos vocacionais, mas, acima de tudo, orientado a saber privilegiar uma sensibilidade formativa que seja efetivamente coligada com a vida da pessoa desde o início, desde o discernimento vocacional.

Planilha para o discernimento:
foco na vigilância e na conscientização

1. Quem discerne é um "ouvinte" da ação de Deus em sua própria vida e na vida do mundo. Quais características esse ouvinte deve ter?

   _____
   _____
   _____

2. A relação estabelecida entre quem acompanha e quem é acompanhado predispõe ao conhecimento mútuo. Quais são os níveis dessa dinâmica e por que é realmente formativa?

   _____
   _____
   _____

3. Complete a seguinte frase: "Só posso conhecer o dom da vocação, se...".

   _____
   _____
   _____

II | A FUNÇÃO EDUCACIONAL DA FÉ NO CAMINHO DO DISCERNIMENTO

Os aspectos da "fé" são particularmente centrais no percurso educativo para o discernimento. Em modo particular, a maneira de viver a fé indicará a direção das escolhas de cada um, na medida em que se assume o protagonismo em responder ao projeto de amor de Deus. Seguindo uma visão projetual da experiência religiosa (Cencini, 2017; Goya, 1985; Poli; Crea, 2014), nas próximas páginas, queremos destacar a conexão entre os processos de *crescimento humano-espiritual* – em que a pessoa integra forças e vulnerabilidades – e a *perspectiva vocacional* – que adere a uma escolha de fé que estimula cada indivíduo a dar respostas que sejam significativas –, especialmente nos momentos mais difíceis.

Além disso, a centralidade das motivações da fé coloca em primeiro plano a necessidade de verificar, no caminho do acompanhamento vocacional, se a crença religiosa é realmente o fundamento principal para a escolha vocacional que o sujeito está fazendo. E é essa fé, dom que revitaliza a intencionalidade do indivíduo, que move, no profundo do coração de cada um, esse indivíduo a dizer seu "sim", que o ajuda a passar da precariedade das incertezas para uma orientação de vida cada vez mais envolvente, na busca de uma resposta vocacional.

A fé como desenvolvimento da resposta vocacional

No modo de viver a fé, podemos encontrar os elementos que ajudam a destacar os sinais do chamado de Deus. Trata-se de alguns critérios que permitem colher os aspectos experimentais com os quais a fé do indivíduo torna visível o percurso do discernimento, entre os quais citamos: o caráter intencional, o fato de se referir à integridade de quem faz o discernimento, enfim, o dinamismo de seu desenvolvimento; tudo isso, quando integrado ao discernimento, conduz a um contexto relacional específico. A fé, além de ser um dom, é também uma redescoberta contínua que acompanha o percurso de discernimento do indivíduo no ambiente em que ele vive. São esses os elementos a que o formador deve prestar atenção quando faz um discernimento vocacional.

Significado intencional no modo de viver a fé

Uma primeira observação diz respeito à intencionalidade das experiências vividas na fé. A fé daqueles que ouvem o chamado de Deus faz parte de uma orientação que dá perspectiva de conduta, pois coloca a pessoa na direção de Deus, que manifesta seu plano de salvação na história da pessoa. Isso implica que toda ação relativa à experiência religiosa do indivíduo deve estar conectada ao significado intencional que a pessoa lhe atribui. O que é vivido na fé é importante, contudo, os propósitos que o indivíduo atribui a essas experiências, os dinamismos intencionais que favoreceram sua escolha, são igualmente importantes. Esse contexto, que em termos eclesiais assume um caráter eminentemente missionário (Francisco, 2013c, n. 15; 16; João Paulo II, 1990), pode ser verificado pelo modo de viver a religiosidade, pelos meios utilizados, pelo confronto interpessoal.

Integridade da pessoa e crescimento na fé

Viver a fé não se refere somente à dimensão espiritual, mas significa estar envolvido na totalidade do próprio ser. As experiências de fé são realidades abrangentes a nível pessoal e da experiência religiosa. Não é apenas um fragmento da própria existência, um aspecto entre muitos outros do ser, mas é o que caracteriza a individualidade e integra seus diversos aspectos psicológicos e motivacionais. Segundo Allport, a experiência da fé, tornada tangível pelas experiências da religiosidade, é uma "concepção unificadora da vida" (Allport, 1977, p. 256).

Isso indica que não são apenas as ações individuais que têm um valor de fé, mas, sim, a pessoa inteira – em sua individualidade e em sua especificidade –, que é a expressão de seu ser espiritual. Quem faz o discernimento é chamado a expressar a sua fé em cada ação.

A experiência integral da fé sempre inclui uma dupla aspiração que tem reflexos no psiquismo da pessoa. Por um lado (1), inclui a capacidade de concretizar as potencialidades do indivíduo de forma harmoniosa e integrada. Por outro lado, esta atualidade não reduz as suas aspirações espirituais profundas, mas (2) abre-a a uma maior compreensão, em particular quanto ao seu encontro com a fonte da vida, com Deus.

Sabemos que não basta alguém comportar-se da melhor maneira ou viver condutas religiosas adequadas para sentir que atingiu uma fé madura, mas que é necessário um caminho contínuo, que aponte para a aspiração de uma meta, um itinerário que inclua uma sucessão de estágios, cada um com seu próprio significado e seu valor e, também, com sua plenitude, ainda que não seja definitiva.

Potencial de uma fé que ajuda a crescer dinamicamente

A fé é um dom recebido de Deus, que compromete e motiva o indivíduo a se relacionar com aquele que é a fonte de toda a vida. A tarefa de comprometer-se dinamiza suas energias motivacionais e impulsiona, quem faz um discernimento vocacional, a sair de si mesmo para ir ao encontro do Senhor que chama, confiante na novidade que encontrará nesse caminho.

Existem dois aspectos que caracterizam esse encontro de fé, aos quais se deve prestar atenção no processo de discernimento. O primeiro diz respeito à fé vivida no "aqui e no agora da situação presente", aquela fé que parte da vida e que ajuda a crescer nos momentos construtivos, dando força nas horas difíceis. O outro aspecto diz respeito às "possibilidades" às quais nos abrimos quando vivemos uma fé que vai além do momento presente, nas perspectivas do futuro em que a liberdade e a criatividade marcam o caminhar de quem acredita. Tanto o aspecto *atual* como o *potencial* contribuem para o crescimento vocacional, a partir do momento em que, da experiência de uma fé real, o indivíduo se deixa impulsionar para ir além, na abertura de um planejamento diferente; uma fé que, às vezes, também pode colocar em crise, mas que reforça a confiança transformadora naquele que chama a dar respostas significativas (Fizzotti, 1996, p. 12-13).

Viver a fé como um "êxodo vocacional" que atua na história humana

A fé desafia o contexto em que a pessoa vive, em particular as "periferias existenciais" de sua realidade humana (Francisco, 2013c, n. 20). Não só isso, mas estimula cada pessoa a reconhecer também dentro de si aqueles aspectos existenciais um pouco obscuros e que, em todo caso, perturbam e preocupam a consciência, exigindo uma resposta aberta no horizonte do sentido e de vida.

O anúncio da Boa-Nova a todas essas "pobrezas" internas e externas faz parte do serviço do discernimento, pois é um "êxodo" que nos leva a sair de nós mesmos para centrar a nossa existência em Cristo e no seu Evangelho, para sermos capazes de dizer como o apóstolo Paulo: "já não sou eu que vivo, mas é Cristo que vive em mim" (Gl 2,20). Esse êxodo é marcado por um caminho de adoração e de serviço: de adoração ao Senhor e de serviço aos irmãos. Duas dimensões que caracterizam o caminho da liberdade interior e do crescimento oblativo de si mesmo: "adorar e servir: duas atitudes que não podem ser separadas, mas que devem andar sempre juntas. Adore o Senhor e sirva aos outros, nada guardando para si" (Francisco, 2013a).

Esse é o caminho de conversão exigido de quem busca a vontade de Deus: o discernimento, portanto, é uma mudança de todas aquelas "periferias existenciais do coração humano" (ibid., p. 4), de todas aquelas realidades que estão à margem da sociedade, mas também dentro de nós mesmos, bem como de todos aqueles condicionamentos que às vezes impedem de dar um salto qualitativo nas escolhas de vida. São as periferias que pertencem à história cultural, ao modo de viver as relações, à história familiar, às fragilidades psíquicas... O caminho de fé de cada vocacionado parte dessas "periferias", em que o relacionamento com Deus começou a ganhar um contorno, algumas vezes tênue, outras vezes vigoroso; algumas vezes incerto, outras vezes decisivo. Tudo isso está profundamente relacionado com a história e os acontecimentos pessoais. Em todo caso, é uma fé que com o tempo começou a "despertar, como uma confiança secreta, mas firme, mesmo em meio às piores angústias" (Francisco, 2013c, n. 6). É uma fé enraizada nos contextos da própria humanidade, da qual se torna missão, testemunho, provocação.

Para quem está a caminho, viver essa fé concreta significa reconhecer os critérios históricos que a caracterizam, entrar em contato com sua própria especificidade cultural, psíquica e motivacional, atravessar os limites de sua diversidade para se abrir a diferentes mundos que apoiam o seu significado. A psicologia relacionada aos comportamentos religiosos contribui com tudo isso, a partir do momento em que ajuda a observar com cuidado as diferentes áreas da vida do sujeito, como, por exemplo, a religiosidade, a família, a paróquia, o grupo de pertença, as amizades, os hábitos culturais, o contexto de trabalho, a afetividade (Crea, 2020; Sanagiotto; Pacciolla, 2020). Em todas essas áreas, há sinais a serem discernidos para aceitar o chamado de Deus.

Nesses contextos, cada indivíduo amadurece uma espécie de "fé operativa", que abre o coração e a mente a uma perspectiva projetual que, com o passar do tempo, transforma o próprio ser. Nesse momento de crescimento e amadurecimento, há sinais para reconhecer aqueles "sinais dos tempos" que desafiam toda criatura a saber identificar "o porquê" da sua existência, a fim de se orientar, dia após dia, para uma perspectiva maior.

Essa forma de conceber o papel intencional da fé dá origem a objetivos realistas, cada um dos quais se caracteriza pela plenitude e pela perfeição que podem ser alcançadas em qualquer circunstância e em qualquer época específica. A fé sempre tem um sentido completo, mas, ao mesmo tempo, está aberta às melhorias que são exigidas pela evolução da vida, pela evolução da cultura e pelas mudanças da realidade social e eclesial. É uma fé que desloca o eixo das atenções da satisfação de aspirações e expectativas ideais, que, por vezes, podem parecer distantes para o contato com uma necessidade de Deus que permeia e acompanha a história de cada pessoa.

Discernimento de fé: entre pontos fortes e fracos

Às vezes, adquirimos o hábito de reclamar das muitas situações de crise e incerteza que caracterizam as vocações jovens, com expressões como "as novas gerações mudaram", "não estão mais interessadas nas coisas de Deus", "pensam em outras coisas", dentre outras que você certamente já deve ter ouvido nos corredores dos conventos e dos seminários. Provavelmente, também é verdade que os jovens de hoje experimentam condições psicológicas e sociais que se revelam problemáticas, especialmente quando têm que fazer escolhas definitivas, ou até mesmo enfrentar crises existenciais (Sanagiotto, 2019). Ao mesmo tempo, não podemos esquecer que, justamente nessas "diferenças", o discernimento se torna uma oportunidade especial de crescimento, uma forma concreta de redescobrir o que é positivo para fazer opções que abram a uma visão vocacional da existência (Crea, 2014b). É um método que ajuda a ter responsabilidade pelas próprias escolhas, em que a fé se redescobre como dimensão fundante do próprio caminho de adesão a uma perspectiva de vida que pede uma resposta única ao desejo de Deus.

Além disso, a visão de uma fé que não é apenas abstrata, mas um encontro concreto com o amor de Deus, é percebida como uma urgência de toda a Igreja, sempre que se torna porta-voz do desejo de novas perspectivas e esperança. É a experiência de uma fé semelhante a "um grão de mostarda que, semeado na terra, é a menor de todas as sementes" (Mc 4,31). Uma fé duvidosa e incerta, mas que, na sua pequenez, é capaz de guiar nas muitas incertezas dos acontecimentos da vida, ou nos medos que surgem durante uma busca vocacional, nem sempre fácil de definir. Ter essa experiência de fé é condição essencial para um discernimento que se entrega à ação do Espírito, reconhecendo que, afinal, "a fé não é luz que dissipa todas as nossas trevas, mas lâmpada que guia os nossos passos na noite, e isto basta para o caminho" (Francisco, 2013b, p. 57).

Esse convite a olhar para a frente nos momentos de incerteza e hesitação, a saber ir contra a maré, a não nos "deixar roubar a esperança", a ser arquitetos do próprio futuro, é o convite a uma fé que, mesmo desorientada, se torna motivo de abandono, de confiança para prosseguir com paixão renovada, para descobrir o que não é visto, especialmente em tempos sombrios e confusos. Os santos conhecem bem esse caminho, assim como também toda pessoa que está envolvida em um projeto que se abre para o futuro de Deus. "Sim, toda obra sagrada, antes de chegar ao seu cumprimento, deve passar por uma escola de provas, que consiste numa série de duras batalhas e sacrifícios" (Comboni, 1991, n. 4793).

Muitas dificuldades vocacionais têm suas raízes em uma experiência infeliz de fé, às vezes, condicionada pelas experiências vivenciais do sujeito ou bloqueada por uma perspectiva excessivamente autorreferencial. Quando a própria religiosidade fica encerrada no labirinto de uma fé idealizada, que não educa para enfrentar a realidade, corre-se o risco de sufocar a esperança da novidade a que toda criatura é chamada a contemplar e viver. Assim, a pessoa pode permanecer aprisionada na lógica do "eu gostaria de... mas não posso". Como disse um estudante de teologia que se estava preparando para o sacerdócio: "Eu gostaria de mudar, gostaria de viver minha afetividade como um dom, como Jesus fez... mas não posso, ela é mais forte do que eu... Simplesmente não consigo controlar-me". Se a fé não afeta os aspectos motivacionais da resposta vocacional, no momento de se reconciliar com a própria realidade, o indivíduo corre o risco de entrar em um corrosivo labirinto de mal-estar que poderíamos definir como "frustração existencial". Essa condição nos fez lembrar a história daquele bêbado que busca freneticamente as chaves de sua casa, sob um poste de luz. Um vizinho se aproxima dele e pergunta: "O que você está procurando?". E o bêbado responde: "A chave de casa". Eles começam a procurá-la juntos. Depois de um longo tempo, o vizinho indaga o bêbado: "Você tem certeza de que a perdeu aqui?". Ele respondeu: "Não, eu a perdi na esquina, mas lá está escuro e não posso ver nada, e aqui está iluminado".

Assim, permanecemos apegados às certezas aparentes de uma fé ilusória, formalmente eficiente em rituais ou tradições, mas que não deixa espaço para uma perspectiva abrangente dos vários componentes orientativos e teleológicos da pessoa humana.

Um discernimento centrado nas experiências de uma fé vivificante facilita o trabalho de tecer, entre as condições difíceis e as novidades presentes no dom da vida, um caminho de constante abertura ao transcendente e ao planejamento do próprio futuro. Também permite enfrentar as situações de vida com uma visão realista das dificuldades, para fazer escolhas concretas através de uma releitura integral dos componentes humano-espirituais do próprio processo de crescimento.

Abordar a fé desse modo é importante para os responsáveis pelo discernimento, pois ajuda a evitar um duplo risco: de (1) terceirizar o trabalho para "outros" (psicólogos, médicos, consultores externos); de (2) não assumir a responsabilidade, dizendo que, afinal, não dá para fazer nada a respeito, é assim mesmo... temos que aceitar a situação como é... Entre um extremo e outro, entre delegar o percurso formativo e a impotência, o processo de discernimento torna-se uma tarefa educativa que exige vigilância e consciência para identificar a especificidade do projeto de Deus, que se revela na singularidade da pessoa. Porque é nessa humanidade que está fixada as raízes daquele pequeno grão de mostarda, que, "quando é semeado, cresce e torna-se maior do que todas as plantas do jardim e faz ramos tão grandes que..." (Mc 4,32); quem se entrega nas mãos de Deus pode encontrar espaço na sua sombra e se permitir ser transformado para fazer escolhas que deem sentido à sua vida.

Numa carta recentemente publicada numa revista católica, uma formadora relatava a dificuldade em fazer um discernimento. O aspecto do crescimento humano e da resposta vocacional parecia irreconciliável. Em uma atitude de confiança, o discernimento consistiu em explorar o desígnio de Deus, mesmo quando a formanda apresentava fragilidades humanas (de decisão, de caráter, espiritual...), abrindo-se a diferentes opções na plena consciência de que o critério de todo discernimento continua sendo a busca da vontade de Deus: "Sou formadora de um mosteiro de clausura. Veio até nós uma jovem que expressou o desejo de compartilhar nosso estilo de vida, mas que sofre de um transtorno alimentar bastante grave, de modo que ela está visivelmente abaixo do peso e eu, na verdade, nós, estamos preocupados com esse aspecto. Ela é inteligente, fez faculdade. Está bem acompanhada do ponto de vista médico. Até agora mantém seu próprio equilíbrio. Mas e depois? Até quando? O padre que a acompanha considerou que, se não somos nós a receber uma menina como ela, quem o deve fazer? E essa observação aguçou nosso sentimento de culpa e confusão. Se você pudesse nos dizer algo, isso nos ajudaria. Obrigada!" (D'Urbano, 2019).

Na resposta ao artigo, o autor destaca como o discernimento pode ser uma oportunidade para se prestar atenção aos sinais da voz de Deus, que fala das profundezas da condição humana daqueles que o procuram. Uma pessoa pode não ter vocação para a clausura, mas o discernimento permanece, como processo de crescimento, centrado na vida dela, e não pode ser reduzido a uma fria indicação diagnóstica (por exemplo, "se for anoréxica, significa que não tem vocação!"), categorizando-a, sem dar-lhe chance de escolha.

Um discernimento que faz parte do processo de crescimento, em tal circunstância, torna-se um apelo a uma escuta ainda mais profunda da voz de Deus. Afinal, a pessoa pode não ter vocação para a clausura, mas poderá fazer qualquer outra escolha. Quem acompanha as vocações nessas condições terá que levar em conta a condição psicológica dessa pessoa e, se possível, antes de tudo, cuidar do corpo e da psique dela para distinguir melhor os sinais do Espírito.

Portanto, em todas as circunstâncias, o indivíduo é chamado a dar uma resposta, que será encontrada na história do próprio crescimento humano-espiritual. Podem existir condicionamentos particulares (doenças, dificuldades psicológicas, crises vocacionais) que levem a uma desorientação, no entanto, não tiram a certeza de poder dar respostas correspondentes ao sentido da sua existência. "Sempre, porém, cada situação é caracterizada pela singularidade e originalidade que, de tempos em tempos, permitem apenas uma 'resposta', e apenas uma; precisamente, a 'resposta correta' à questão inerente ao significado da existência" (Frankl, 1987, p. 131).

Tendo em vista o crescimento e o amadurecimento vocacional, quem discerne deve estar ciente de que esta é uma tarefa de fé que revitaliza o ser espiritual da pessoa; assim, poderá contribuir na busca contínua da verdade, mesmo entre as muitas dúvidas de sua existência. Essa flexibilidade adaptativa facilita a busca de Deus, presente também no silêncio das muitas fragilidades humano-espirituais.

Crise de fé e esperança educativa

Cada crise pode se tornar uma oportunidade de crescimento, uma oportunidade para refletir de maneira nova a realidade problemática enfrentada. As dificuldades da vida e a procura do próprio caminho podem tornar-se um laboratório que prepara para o futuro, se se deixar levar pela criatividade do Espírito que sempre permitiu à Igreja em "saída" ser uma "comunidade de discípulos missionários que *primeireiam*, que se envolvem, que acompanham, que frutificam e festejam" (Francisco, 2013c, n. 24).

"Fácil de dizer, mas difícil de viver, especialmente quando você se sente desconfortável e não sabe para onde ir", disse uma jovem aspirante que estava passando por uma crise de fé que parecia ter fechado qualquer perspectiva de esperança para ela. No entanto, não podemos esquecer que toda crise indica um período de transição marcado por momentos de dificuldade, às vezes de perplexidade e, certamente, de sofrimento, nos quais surgem perguntas, necessidades, emergências inesperadas, que exigem novos significados (Sanagiotto, 2020b), como numa encruzilhada, diante da qual a pessoa deve escolher o que pretende ser ou se tornar. É, portanto, um período de provação, de preocupação, de vigilância por vezes sofrida, mas também de crescimento, de novidade, de mudança, porque coloca a pessoa em escuta ao mais profundo de si mesma, do seu ser vocacional. Por esse motivo, exige atitudes de constância, silêncio, escuta, oração, para que não desvie o olhar para algo diferente que possa surgir (Ferrari, 1997, p. 17-18).

Certamente, é verdade que os momentos de crise desorientam a pessoa, e, em especial, podem afetar os princípios de valor que sustentam suas crenças mais profundas, sobretudo se dizem respeito ao caminho de fé, uma vez que as velhas certezas em que baseou a sua escolha vocacional são chacoalhadas. No entanto, é precisamente a experiência da dúvida que leva a pessoa a se questionar em sua busca pela verdade.

"Quem entre nós não experimentou inseguranças, perplexidades e até dúvidas no caminho da fé? Todos nós já experimentamos isso; faz parte do caminho da fé, faz parte da nossa vida. Tudo isso não nos deveria surpreender, porque somos seres humanos, marcados por fragilidade e limites; somos todos frágeis, todos temos limites. No entanto, nesses momentos difíceis, é necessário confiar na ajuda de Deus, por meio da oração filial, e, ao mesmo tempo, é importante encontrar a coragem e a humildade de se abrir aos outros e pedir ajuda" (Francisco, 2013h). É essa humanidade que projeta o indivíduo além de sua história e orienta sua religiosidade em uma perspectiva vocacional que aperfeiçoa e transforma a criatura em sua relação com o Criador.

Essa dimensão, de uma fé frágil e duvidosa, mas capaz de confiar a própria vida nas mãos de Deus, é particularmente importante no processo de discernimento, pois coloca em movimento uma vontade de renovação que se traduz na busca de apoio para lidar com momentos de desorientação. É essa humildade que leva o indivíduo a uma perspectiva vocacional que transforma e modela a sua capacidade de "atribuir significados" às coisas, ou seja, de questionar a razão da existência e buscar respostas além de si mesmo.

Reconhecer e valorizar a competência "exploratória", entendida como um dom de Deus, permite, a quem procura por uma vocação, que encontre bons resultados com o caminho do acompanhamento para o discernimento, progredindo no processo de crescimento, ao descobrir a presença de Deus nos muitos eventos da sua vida.

Da vulnerabilidade da desorientação ao desafio de escolher um estilo de vida

Do ponto de vista psicopedagógico, as dúvidas vocacionais e as crises de fé conservam uma espécie de tensão transformadora e têm um caráter profundamente educativo, pois colocam, no centro das atenções, a perspectiva continuada da própria resposta vocacional. Com essa fidelidade à dignidade vocacional, o caminho de discernimento permite-nos experimentar que "até as nossas carências, os nossos limites e as nossas fraquezas devem conduzir-nos de volta ao coração de Jesus" (Bento XVI, 2009), indicando, assim, o caminho principal a percorrer para renovar o próprio ser e responder com solicitude às muitas novidades que a experiência vocacional traz.

De fato, se a imitação de Cristo envolve momentos que testam a perseverança (Jo 6,68), por outro lado, é precisamente essa questão que leva o indivíduo a buscar e a encontrar uma resposta que o comprometa a continuar a segui-lo. São esses momentos de incerteza que paradoxalmente podem despertar a necessidade de uma decisão renovada de segui-lo; pode se tornar um terreno fértil para abrir o coração e motivar a pessoa a dar respostas significativas e coerentes com a própria escolha vocacional. "Caminhando: a nossa vida é um caminho – diz o Papa Francisco na sua primeira homilia aos cardeais – e, quando paramos, não dá certo. Ande sempre na presença do Senhor" (Francisco, 2013f).

Deixar-se guiar pela presença de Cristo nessa perspectiva de busca significa aceitar o desafio educativo da fé, comprometendo-se cada dia a ser transformado pela presença do Espírito, mesmo quando aparentemente parece que Deus se cala. De fato, quando a pessoa responde ao chamado de Deus, é ativada uma nova forma de ler as circunstâncias que vive, colocando-se, assim, na perspectiva de "novos céus e nova terra" (2Pd 3,13), que qualifica suas escolhas da vida, mesmo nas situações mais difíceis. Essa nova visão se traduz na procura de atitudes mais condizentes com o projeto vocacional, bem como em acolher nos limites da própria existência a infinita misericórdia da voz de Deus que chama à plena realização pessoal.

Só assim se poderá aprender a reconhecer, nos fatos da vida, os sinais de algo a mais que Deus disponibiliza e, também, a se abrir para a profundidade de seu mistério de salvação. São "os momentos aparentemente negativos de frustração, ausência, silêncio, espera, desejo não realizado, pergunta, luta, nos quais, na realidade, surge uma dimensão adicional e inexplorada do homem, ou a verdade mais profunda do mistério humano" (Cencini, 2008a, p. 282). Quando isso acontecer, a pessoa poderá promover um amadurecimento e uma transformação de si mesma, os quais afetam profundamente o seu ser humano-espiritual, mas também a sua forma de se orientar para um futuro vocacionalmente significativo.

Considerações para uma fé em contínua transformação

Nas observações feitas até agora, enfatizamos repetidamente como as experiências de fé podem guiar as expectativas e os comportamentos futuros de cada pessoa. Tais experiências não determinam *a priori* e estaticamente a espiritualidade e o modo de viver a relação com Deus, mas podem mudar à medida em que a pessoa cresce e se abre para novas perspectivas de significado. Essa conexão entre as experiências e as novas oportunidades pode se refletir no processo de crescimento vocacional: o modo de viver a experiência religiosa pode ajudar a reformular o estilo de interação com Deus, abrindo a pessoa à novidade de uma relação que se renova com o tempo e que verdadeiramente se torna ocasião para uma conversão autêntica.

Tudo isso é de grande importância no contexto do discernimento, porque ajuda a viver a fé não como algo estático, como mera herança do passado, como prescrição catequética para o futuro, mas como uma experiência viva em contínua transformação, que leva a reler a própria relação com Deus como uma oportunidade de transformação permanente. Só assim será possível redescobrir o "vínculo" (Francisco, 2013c, n. 217) entre o trabalho de busca da vontade de Deus e os novos sentidos que emergem, até mesmo das situações difíceis da vida. As considerações para se ter em mente, que ajudam a detectar essa conexão, podem ser resumidas da seguinte forma:

1. Uma primeira consideração vem do fato de que o *estilo relacional*, o temperamento, a forma de reagir da pessoa, todos os modelos internalizados desde a infância, estão em contínua reorganização e são remodelados com base nas experiências relacionais que cada um tem ao longo da vida. Assim também a experiência da fé: a maneira pela qual a pessoa mergulha no relacionamento com Deus e se deixa modelar pela experiência da fé pode se tornar um processo de conversão contínua, mesmo quando a história passada ou o caráter presente parecem se opor a esse desejo de renovação.

2. Uma segunda consideração diz respeito ao *aspecto dinâmico e prospectivo do crescimento evolutivo*: a experiência da fé não é um fato estaticamente predeterminado, mas faz parte de uma história relacional com Deus, uma história que tem suas raízes no projeto salvífico da criação, que hoje é uma fonte de renovação e criatividade contínua para o indivíduo. "Há uma juventude do espírito que permanece independentemente do tempo: está relacionada com o fato de o indivíduo procurar e encontrar, em cada fase da vida, uma tarefa diversa a cumprir,

um modo específico de ser, de servir e de amar" (João Paulo II, 1996, n. 70). É uma juventude que se renova cada vez que a pessoa não se contenta com os próprios fatos de fé, deixando-se envolver no desenvolvimento contínuo da sua relação com Deus.

3. Uma terceira consideração diz respeito à *dimensão afetiva* presente no percurso do caminho de acompanhamento: o amadurecimento da fé baseia-se em aptidões afetivo-relacionais, enraizadas no espírito de abertura e autotranscendência inerente a cada vocação. Visto que o trabalho de acompanhamento tem um caráter intersubjetivo, a experiência de fé deve estar ligada ao sentido de pertença eclesial, corporificado na experiência concreta da própria comunidade (Prada, 2004, p. 171). Esse "sentir-se comunidade" contribui para o processo de crescimento relacional da pessoa, pois está em continuidade com o valor afetivo atribuído às relações com os outros, que agora, no caminho do discernimento, se torna um laboratório de espiritualidade de comunhão, para que aprenda cada vez mais a "sentir o irmão da fé na unidade profunda do Corpo místico, portanto, como aquele que me pertence" (Dicastério para os Institutos de Vida Consagrada e as Sociedades de Vida Apostólica, 2002, n. 29).

É na vida cotidiana (na família, com os amigos, na paróquia, nas experiências de serviço) que as pessoas crescem na dimensão comunitária da sua religiosidade. De fato, a atenção aos aspectos intersubjetivos no discernimento (entrevistas, encontros, pertencimento a grupos diferentes, modo de viver as relações de amizade...) está ligada à dimensão afetiva da fé, pois sentir-se parte da "família" molda o coração das pessoas e se reflete na maneira como elas vivem seu relacionamento com Deus.

Essas considerações básicas são constitutivas do processo de acompanhamento para uma nova compreensão do desígnio de Deus: é no conhecimento de si mesma e da sua história vocacional que a pessoa pode fortalecer e aumentar a sua disponibilidade para acolher o desígnio de salvação que Deus reservou para aqueles que se colocam a seu serviço.

Busca de significado e vontade de significado na proposta vocacional

A pessoa vivencia nas experiências de sua própria religiosidade o que dá valor e perspectiva à sua existência, e faz isso integrando as diferentes dimensões de seu próprio ser. "Somente na fé o homem pode avançar para a dimensão mais elevada, supra-humana" (Fizzotti, 1996, p. 216). Vimos, porém, que essa perspectiva da fé se reflete na vida dela, e essa conexão torna-se objeto de discernimento no processo de busca vocacional. Na realidade, o fato de reconhecer a presença de Deus como princípio educativo para o próprio crescimento dá-lhe força para concretizar seu desejo de religiosidade através de experiências autênticas de fé e, ao mesmo tempo, faz com que valorize as ações, porque se compromete a traduzir a fé na abertura à nova vida do Evangelho. O apelo vocacional exige essa abertura a Deus, que se revela a quem o procura com a coerência da dimensão espiritual vivida como fonte de sentido.

Além disso, o modo de viver a religiosidade refere-se às questões existenciais que cada indivíduo coloca sobre si mesmo, os outros e o mundo. "O homem não pode ser uma medida de si mesmo; antes, ele pode medir-se apenas no absoluto, no valor absoluto, em Deus" (ibid., p. 219). As perguntas existenciais o estimulam a fornecer respostas significativas que satisfaçam a necessidade do Absoluto inerente ao coração humano.

São respostas que encontram sua expressão profunda na dimensão espiritual, mas também na sua implicação concreta.

Assim, a espiritualidade, entendida como "busca do sentido mais profundo da existência", transforma o modo de encarar a vida, dando sentido transcendente aos acontecimentos que a pessoa enfrenta, fazendo com que aprenda a reconhecer, nas diversas situações, o que está em sintonia com a própria experiência de fé. Quem faz o discernimento é chamado a integrar a "verdade" das experiências que marcaram a sua existência com um projeto de vida aberto à ação de Deus. "Lembrar esta ligação da fé com a verdade é hoje mais necessário do que nunca, precisamente por causa da crise de verdade em que vivemos" (Francisco, 2013b, n. 25). A coerência contínua entre uma religiosidade que se abre ao sentido da vida e as escolhas do cotidiano marcarão os passos de uma conversão que se traduz num crescimento responsável, atualizado pelo envolvimento de todas as dimensões do ser.

Religiosidade profética e religiosidade imatura

Quando o indivíduo vivencia uma religiosidade madura, que atua como motivo dominante em sua vida, ele é capaz de dar sentido às suas ações e escolhas. A religiosidade torna-se um estilo de vida motivador, intimamente ligado aos fundamentos da existência, e encontra sua justificativa no ponto de vista psicológico, pois polariza todas as suas energias para que saia de si mesma e se projete no sentido mais autêntico da realização humana.

Do ponto de vista da espiritualidade, a maturidade faz com que a pessoa se apresente na sua dimensão mais profunda, aberta a horizontes em que os valores do espírito, os conteúdos religiosos, as realidades sobrenaturais e o próprio projeto vocacional são essenciais para uma autêntica autorrealização. Quem vive a busca vocacional como resposta de fé é atraído por esses valores e significados que estão além de si mesmo. "Somente na abertura deste sujeito universal é que o olhar se abre também sobre a fonte de alegria no próprio amor – em Deus" (Bento XVI, 2007, n. 14).

A forma como cada um vive e amadurece a dimensão espiritual influencia o seu estilo de vida e as suas relações, pois isso o estimula a estabelecer relações coerentes com a fé e as convicções religiosas que professa. Com efeito, à medida que se consegue apreender o sentido profético da sua fé, se é capaz de transformar a forma de estar com os outros, fazendo com que seu estilo de vida seja congruente com o modelo evangélico a que está vinculado. Porém, quando falta esse impulso básico, ou quando a vida de fé é distorcida por uma religiosidade superficial e aparente, que não deixa espaço para o processo de crescimento, a pessoa corre o risco de atrofiar seu impulso motivacional e sua religiosidade se esvazia, deixando espaço para comportamentos disfuncionais do ponto de vista psicológico.

"A religião que perde seu entusiasmo profético e fica ressecada, entorpece o coração do homem" (Crea, 2010, p. 122), e se transforma em religiosidade para o uso e consumo das necessidades de quem a vive, ao invés de servir de ponte aos valores básicos da existência, aqueles valores que se abrem à graça de Deus. É uma religiosidade "que tende a preservar o psiquismo em sua estrutura e não sente os estímulos vindos da sociedade. Aqueles com tal orientação buscam obter vantagens e ter suas solicitações atendidas" (Fizzotti, 1996, p. 200).

Pode muito bem ser a fé de um candidato à vida religiosa ou presbiteral muito empenhado em muitos campos pastorais, mas que com o tempo pode perder o sentido vocacional daquilo que faz. A sua obra também será louvável, mas com distorções motivacionais: do individualismo, quando pretende estar no centro de tudo para afirmar a própria diversidade em detrimento da comunhão; ou, ao contrário, do comunitarismo, quando se refugia no bom senso sem se envolver com as próprias capacidades pessoais, deixando-se enredar por uma espiritualidade homologadora.

Assim, a pessoa corre o risco de transformar a experiência da fé numa religiosidade deformada pelas exigências do próprio ego, com consequências negativas na forma de ler os sinais da sua história vocacional. Pode confundir um comportamento religioso "utilitário" com uma religiosidade aparentemente fundada na relação com Deus, mas que é basicamente egocêntrica. Poderia agir com muita boa vontade, mas com motivações voltadas para a satisfação de necessidades autorreferenciais de tipo afetivo, a serem realizadas com uma imagem idealizada de Deus ou investindo em relações de dependência, ou ainda, na busca de prestígio, em relações de poder, com a afirmação do próprio sistema de valores.

Dessa maneira, a instituição religiosa à qual se dirige para discernir a própria vocação pode tornar-se um refúgio para suprir a própria incapacidade, delegando, à experiência de uma religiosidade rígida ou a um carisma particular, a tarefa de remediar as próprias fragilidades psíquicas. O indivíduo pode mostrar-se profundamente religioso, mas ser incapaz de contatos sociais, de amizades verdadeiras, e não ter consciência de seus próprios valores ou do valor da diversidade do outro (Wulff, 1991).

Enfatizar esses aspectos significa correr o risco de uma religiosidade unilateral: muito centrada em si mesmo, em uma visão intimista e autorreferencial da crença religiosa; uma religiosidade passiva e irresponsável, porque modelada em um funcionalismo externo. Quando isso acontece, a fé parece imatura, às vezes até disfuncional, porque não se abre para um diálogo enriquecedor com o Totalmente Outro, mas leva a pessoa a se voltar-se sobre si mesma e sobre as próprias necessidades.

Essa imaturidade religiosa é particularmente perturbadora para aqueles que colocaram o relacionamento com Deus na base da busca vocacional. De fato, se o envolvimento no discernimento (a vida comum, a missão, o carisma...) for esvaziado de significado religioso, o indivíduo corre o risco de corroer não apenas suas energias psíquicas, mas o próprio ideal que almejou para ser feliz, entrando, assim, em uma espiral de profundo mal-estar, centrando-se em uma religiosidade ilusória e muitas vezes utópica.

Motivações religiosas e estilo de vida

O estudo da religiosidade do ponto de vista psicológico examinou diversos aspectos relativos ao modo de viver a dimensão espiritual. Alguns autores enfatizaram o componente afetivo e emocional, em particular o sentimento de seriedade e amor pela realidade divina (James, 1988). Outros destacaram o caráter irracional da experiência religiosa, diante da qual a pessoa sente medo e atração (Otto, 1966). Particularmente importante, no entanto, pelas implicações existenciais e vocacionais, são os componentes motivacionais da religiosidade que ajudam a pessoa a unificar os diferentes elementos da sua existência e a encontrar uma solução coerente para a sua necessidade de dar sentido à existência.

Nessa perspectiva, a religiosidade pode ser definida como "uma disposição, constituída pela experiência, para responder favoravelmente e de certas maneiras habituais aos objetos e princípios conceituais que o indivíduo considera de suprema importância em sua vida pessoal e correlacionados com o que considera permanente ou central na natureza das coisas (Allport, 1972, p. 116-117).

Detectar os aspectos distintivos dessa religiosidade motivadora significa apreender aqueles componentes construtivos que facilitam a busca vocacional quando se harmonizam entre si. Ao contrário, quando se tende a enfatizar uma dimensão em detrimento de outras, ou quando os diferentes componentes são vivenciados de forma unilateral e exclusiva, a religiosidade resultante pode ser altamente disfuncional para o discernimento vocacional e, às vezes, pode estar correlacionada com experiências psíquicas totalmente irracionais. Nas próximas páginas, enfocaremos essas polaridades opostas, em vista de um perfil de religiosidade útil para discernir as motivações autênticas da fé em quem se prepara para fazer um caminho de discernimento vocacional (Sanagiotto; Crea, 2021).

Uma fé que oscila entre convicções internas e utilitarismo externo

A religiosidade que motiva a pessoa a fazer um trabalho de discernimento coerente com seu estilo de vida, leva-a a questionar suas crenças interiores como a fé professada, isto é, se está de acordo com as atitudes assumidas na experiência cotidiana. Essa dupla alternativa, entre o credo professado e a experiência de vida, há muito interessa ao estudo da psicologia da religião, por isso, a seguir, queremos destacar alguns pontos que consideramos importantes.

Religiosidade intrínseca

De acordo com o modelo de Allport (Allport; Ross, 1967, p. 434-435), no estilo religioso podemos reconhecer o dilema entre a fé professada e a fé vivenciada, a depender se as pessoas vivem uma profunda religiosidade fundada em um credo seguro ou em uma religiosidade utilitária, que visa satisfazer necessidades imediatas.

A religiosidade que se refere a uma orientação interior é definida por Allport como *intrínseca*, e corresponde a uma atitude que "considera a fé como tendo valor em si mesma, transcende os interesses individuais e implica compromisso e sacrifício. Trata-se, portanto, de uma religiosidade amadurecedora e propulsora, da qual o sujeito recebe o encargo de um autoaperfeiçoamento constante" (Fizzotti, 1995, p. 11-12). Essa religiosidade ajuda a integrar esforços e dificuldades, sem perder de vista os valores e as motivações que decorrem da escolha vocacional. Ela inclui vários componentes inter-relacionados, que caracterizam a forma como o indivíduo vive sua fé no cotidiano.

Os comportamentos resultantes serão consistentes com esse tipo de religiosidade quando o indivíduo se sente à altura do seu próprio ideal religioso e vocacional e nele "vive a convicção de que a garantia de toda a renovação, que pretenda permanecer fiel à inspiração originária, está na busca de uma conformidade cada vez mais plena com o Senhor" (João Paulo II, 1996, n. 37). A fé, então, se torna uma experiência vivida, visível através de escolhas e comportamentos concretos que geram unidade e comunhão. Desse modo, o credo professado é internalizado como valor e traduzido em comportamentos condizentes com o Evangelho.

Muitas pesquisas confirmaram que esse tipo de religiosidade está particularmente relacionado à saúde mental. Portanto, ter convicções religiosas profundamente enraizadas, que motivam o indivíduo a um estilo de vida condizente com os valores professados, contribui para o desenvolvimento do bem-estar psíquico. Isso porque, quando os valores religiosos são internalizados na própria estrutura da personalidade, a pessoa percebe todo o seu ser harmonioso e integrado, mas, acima de tudo, se percebe capaz de se autotranscender, ou seja, capaz de se orientar para novos significados, para sua própria existência: "na base desse efeito está a capacidade de dar sentido à própria vida" (Shafranske, 1996, p. 303).

No contexto do discernimento, quando a fé está alicerçada nas convicções profundas das pessoas, torna-se um claro testemunho de vida, para que, na forma de viver a relação com Deus, se perceba o desejo de servir a ele e aos irmãos não com palavras, mas com fatos e verdade (1Jo 3,18).

Religiosidade extrínseca

Ao contrário do que acabamos de relatar, a religiosidade "aparente" e funcional é definida como *extrínseca*. Aqueles que enfatizam essa religiosidade imaginam um tipo de fé instrumental como meio de satisfazer suas necessidades individuais e interpessoais. Eles usam a religião para seus próprios fins e a consideram útil por vários motivos: porque proporciona uma sensação de segurança, garante apoio social, permite status preferencial ou oferece justificativa para certas questões (Allport; Ross, 1967, p. 411). Nesse caso, a experiência religiosa serve para sustentar objetivos autorreferenciais, úteis à pessoa, alcançáveis por meio de uma visão rígida e dogmática da própria crença religiosa, sem que ela assuma a responsabilidade de viver uma fé profundamente enraizada e, portanto, incapaz de afetar sistema de valores de alguém.

Trata-se de uma religiosidade fixada a uma prática externa e superficial, que não muda a vida e não gera comunhão com os outros, mas, ao contrário, fica apenas na superfície, como se fosse uma função a ser desempenhada, apática e indiferenciada.

Se a experiência de fé de um candidato à vida religiosa ou presbiteral se fixa nesse nível, ele corre o risco de ser reduzido a um sistema de práticas padronizadas, com regras a obedecer ou seguir que justificam um estilo de vida medíocre e inconsistente, incapaz de afetar os objetivos da própria existência.

Essa espiritualidade repercute na saúde psicológica do sujeito, sobretudo quando se dá conta de que "executar" aquilo que o faz parecer religioso – rezar, viver a liturgia, dedicar-se aos outros segundo o carisma da própria congregação – não é suficiente, por si mesmo, para uma resposta vocacional autenticamente aberta ao transcendente.

Quando o indivíduo perde de vista a centralidade de uma espiritualidade que motiva suas escolhas vocacionais, ele pode correr o risco de reduzir a fé a um ritualismo estéril, em um estilo de vida constituído de coisas para fazer, sem uma visão clara das razões subjacentes. A consequência é que ele se torna um "consumidor" da religiosidade, sem ser capaz de extrair das fontes de fé a profundidade que conduz a Deus e aos irmãos, iludindo-se com o fato de que essa religiosidade externa possa compensar o relacionamento pessoal e vivificante com Deus. Além disso, quando a fé é feita apenas de ações externas, comportamentos negativos e disfuncionais surgirão, o que pode ser a expressão de uma patologia religiosa subjacente. Com uma fachada de religiosidade, o sujeito pode ser dedicado e escrupuloso nas diferentes práticas religiosas. Isso, porém, não significa coerência de vida e de comportamento.

As distorções de uma religiosidade humana demais para ser divina

A fé como dom é certamente uma experiência regeneradora, que estimula as pessoas a se abrirem à transcendência e a viverem essa abertura como um estilo de renovação contínua na vida. Porém, em sua dimensão humana, as experiências de fé também podem gerar desconforto, principalmente se a pessoa mescla a crença religiosa com aspectos negativos de seu caráter ou com necessidades psicológicas insatisfeitas. "Daí resulta que a fé se vê oposta e estimulada ao mesmo tempo, que é experimentada como proximidade ou distância, como certeza e dúvida, como luz e como escuridão. A fé, em última análise, é um ato pessoal dinâmico e participa do dinamismo da inteligência e da afetividade" (Sanz, 1994, p. 724).

Portanto, quem acredita é confrontado não apenas com as certezas que a fé oferece, mas também com as crises e as dificuldades que muitas vezes são despertadas nas profundezas de seu coração. Uma forma ambígua e vacilante de viver a fé pode estar sujeita a distorções e dúvidas que derivam tanto de aspectos que caracterizam a forma de expressá-la em comportamentos concretos quanto de fragilidades intrapsíquicas que o indivíduo carrega consigo.

Segundo o teólogo alemão Tillich (1967, p. 36-43), a fé pode ser distorcida no modo concreto de vivê-la, em particular no nível cognitivo, volitivo e emocional. Em primeiro lugar no nível *cognitivo*, quando se reduz ao aspecto intelectual e é usada apenas em vista de explicações ou leis morais e dogmáticas. Nesse caso, a pessoa se envolve pouco e tende a usar a religiosidade para se tranquilizar com os benefícios que dela podem advir.

No segundo caso, o *volitivo*, a fé parece ser substituída por um ato de vontade que leva o indivíduo a se submeter de forma quase irracional a uma obediência que nega qualquer envolvimento responsável, correndo o risco de ser reduzido apenas a um sentimento de renúncia arbitrária.

No terceiro caso, o *emotivo*, quando a fé é vivida apenas do ponto de vista emocional, ela se reduz ao instintivo que leva a confundir o sentimento do momento com um impulso cego que se move em direção à religiosidade. Uma fé feita apenas de emoções corre o risco de excluir a participação responsável do sujeito, ficando relegada a experiências emocionais que podem variar, dependendo do estado de espírito em diferentes circunstâncias.

Mesmo no que diz respeito ao caráter, é possível haver aspectos do modo de ser do indivíduo que podem distorcer a experiência de fé e que estão ligados à sua estrutura intrapsíquica. Nesse caso, o modo de viver a fé pode ser fortemente influenciado por necessidades psicológicas não satisfeitas, pelas muitas expectativas colocadas sobre a religiosidade, pelos vícios religiosos, por uma imagem distorcida de Deus.

Quando predomina o componente humano, não há espaço para uma relação autêntica com Deus, pois a diversidade dialógica é considerada uma ameaça às necessidades de segurança. Parece que tal fé, subjugada pelos muitos condicionamentos da pessoa, permanece confinada sob o rígido controle da própria humanidade.

O valor existencial da dúvida da fé

Existe uma outra forma de viver a dimensão espiritual, que é particularmente útil reconhecer no caminho do discernimento vocacional, que é a experiência da dúvida. Segundo Tillich, a dúvida é uma dimensão real da fé, que orienta a pessoa a se questionar na sua busca pela verdade. A experiência da dúvida pertence ao verdadeiro caráter existencial mais profundo de cada um, pois cada indivíduo sente a força dos próprios limites diante da onipotência de Deus. "A fé é certa porque é uma experiência de santidade. Mas a fé é incerta, pois o infinito com o qual se relaciona é recebido por um ser finito" (ibid., p. 25). Essa experiência de fé é angustiante porque abala o coração do ser humano, abrindo-o para as muitas questões fundamentais da existência, das quais não pode escapar, como a morte, a solidão, a liberdade, a falta de sentido da vida. A dúvida que daí decorre revela um desejo profundo de novidade, de vida, de sentido. Impulsiona o ser humano a buscar o sentido de sua existência e, no contexto das experiências de fé, poderíamos dizer o "sentido vocacional de sua existência".

Essa tradição, que vê na fé não só a radicalidade das convicções, mas também a precariedade das incertezas, baseia-se em alguns princípios que são particularmente relevantes para um percurso de busca vocacional. Diz Batson: "a religiosidade como busca de sentido envolve questões existenciais honestamente enfrentadas em sua complexidade" (Batson; Schoenrade, 1991, p. 417). Allport, na mesma sintonia, afirma que a religiosidade atua "como um motivo dominante, um ímã por si só, que força outros desejos a guiar seu curso" (Allport, 1972, p. 126).

A atenção a essa "espiritualidade" silenciosa e ao mesmo tempo turbulenta, se, por um lado, surge dos padrões usuais de expectativas de uma fé "forte e segura", por outro, pode influenciar a orientação vocacional, se for valorizada quando, na dúvida, as pessoas se abrem para valores transcendentes.

De fato, essa característica norteadora, que parte da consciência da vulnerabilidade humana, pertence ao verdadeiro ser da pessoa, capaz de questionar "o porquê" da existência e de buscar respostas que estão além de si mesma, atribuindo significado ao que acontece no momento presente, para, então, apontar intencionalmente para novos horizontes de sentido.

Além disso, essa capacidade de se abrir ao transcendente, partindo da desorientação que toda busca vocacional acarreta, não é estranha aos processos de crescimento do indivíduo, pois sempre caracterizou a maneira pela qual todos aprenderam a enfrentar os fatos da vida e a adquirir o que é necessário para o próprio desenvolvimento; foi precisamente essa competência intuitiva e exploratória que lhe permitiu sobreviver ao longo de sua história evolutiva.

Como no passado, também hoje é essa intuitividade que lhe possibilita abrir-se para as novidades da relação com os outros e com o Totalmente Outro. Além disso, é a intuição dessa fé, ainda que simples como um grão de mostarda, que lhe permite enriquecer-se de um novo sentido para a própria existência, ao descobrir a presença de Deus nos muitos acontecimentos de sua própria vida. "Estar aberto a uma experiência de fé, acreditar, tem permitido aos humanos enriquecer incomensuravelmente suas categorias mentais, seu arsenal de significados, sua linguagem, permitindo-lhes acessar formas cada vez mais sofisticadas e evoluídas de consciência, interação social, compartilhamento e adaptação criativa aos limites impostos pela própria condição" (Cavaleri, 2013, p. 63).

É essa atitude criativa que revitaliza o ser espiritual da pessoa: é um desafio procurar continuamente a verdade, mesmo entre as muitas dúvidas da existência, com aquela flexibilidade adaptativa que facilita a procura de um Deus presente até no silêncio do cotidiano. A função educativa dessa dúvida existencial permite ao indivíduo colocar-se questões que o motivam continuamente a procurar a verdade.

Essa dimensão da fé, enraizada na humanidade e na fragilidade da pessoa, também é fortemente orientadora e vocacional, pois caracteriza o progresso evolutivo do crescimento humano, intencionalmente voltado para um projeto de vida. Assim, "uma religiosidade madura não se fixa em estruturas definitivamente concluídas. Sempre permanece uma 'tarefa aberta' para o indivíduo. Originária e desenvolvida essencialmente na relação dialética entre elementos complementares da experiência humana, a religiosidade madura [...] parece necessariamente tensa em relação a verdades maiores e mais abrangentes; aceita abertamente o risco da busca" (Milanesi; Aletti, 1977, p. 235). É precisamente essa parte eminentemente humana que aproxima o homem de Deus através da redescoberta de seu ser espiritual, capaz de estar em contato com suas próprias fragilidades e, justamente por esse motivo, de se abrir para aquele que dá certeza ao seu desejo pelo infinito, permitindo, dessa forma, que o valor pedagógico da busca de sentido na vida se transforme na incerteza de sua fé, a única dimensão que se abre para a perspectiva da existência.

Essa experiência de fé, frágil e duvidosa, é particularmente importante no acompanhamento vocacional e nas escolhas de discernimento, porque abre as portas do coração para finalmente se confiar às mãos de Deus, deixando-se modelar pelo Espírito que opera no caminho de sua própria existência (Batson; Lynn, 1983, p. 51). Ela nos permite vislumbrar, entre as muitas incertezas da vida cotidiana, a única certeza que vem da voz de Deus: "quando se fala do mistério de seu amor pela humanidade, Deus concede a todos os seus fiéis um instinto de fé – o *sensus fidei* – que os ajuda a discernir o que realmente vem de Deus" (Francisco, 2013c, n. 119). Em vista disso, é precisamente em momentos de insegurança e hesitação que o indivíduo será capaz de experimentar a capacidade de abandono confiante nos braços do Pai. Então, sim, essa dúvida será vivenciada não apenas como algo a ser evitado, mas "como um elemento da estrutura da fé" (Tillich, 1967, p. 29-30) e, portanto, como uma experiência de nova vida que nos permite, "entender com todos os santos", qual é a largura, comprimento, altura e profundidade, e conhecer "o amor de Cristo que supera todo conhecimento" (Ef 3,18-19).

Docilidade à ação de Deus na prática do discernimento

Cada um se compromete a conformar-se a Cristo ouvindo a voz do Espírito que chama a dar uma resposta pessoal ao apelo de Deus, mas essa escolha deve ser renovada continuamente ao longo do próprio caminho de maturidade humano-espiritual. Com efeito, a fidelidade a esse amor implica uma renovação e uma transformação contínuas, com as quais cada um cuida do dom recebido, comprometendo-se a vivê-lo no serviço e no testemunho da caridade, com a confiança viva de que "há que manter viva a convicção de que a garantia de toda a renovação, que pretenda permanecer fiel à inspiração originária, está na busca de uma conformidade cada vez mais plena com o Senhor" (João Paulo II, 1996, n. 37).

Se faltar essa docilidade à ação de Deus, corre-se o risco de nos habituarmos a um estilo religioso raso e pouco incisivo, sobretudo quando se perde de vista a vivacidade profética da própria vocação, ou quando se deixa cair no "laço da mediocridade, da burguesia e da mentalidade consumista" (Bento XVI, 2008b, p. 5).

Estar ciente desse risco é importante no processo de crescimento de uma pessoa: torna-se uma oportunidade de revitalizar o desejo de mudança e conversão, um anseio sempre presente no coração do homem, mesmo quando ele percebe que está vivendo uma fé empobrecida e frágil.

Integrar os eventos da vida na única resposta vocacional

A busca pelo significado teleológico da existência de alguém pode ser referida tanto ao significado implícito dos eventos individuais da vida quanto à forma como esses eventos são inseridos em um quadro mais amplo de referência sobre "o porquê" da existência. No primeiro caso, é uma questão de redescobrir o significado inerente às diferentes experiências que as pessoas carregam. Para quem discerne, trata-se, por exemplo, de apreender o significado das mudanças que ocorreram ao longo dos anos, o que acontece no compromisso com os outros, no serviço pastoral, na maneira de se dedicar aos pobres, na fidelidade aos compromissos de trabalho etc.; todos esses eventos têm um significado implícito neles, e cabe à pessoa reconhecer seu significado. No segundo caso, as diferentes situações são inseridas em um contexto mais amplo e unitário que dá uma direção harmoniosa e consistente à vida de alguém, integrando os diferentes eventos em uma visão planejada e finalista da existência (Crea, 2005).

Essas duas maneiras de considerar o significado das experiências de vida de uma pessoa não são independentes uma da outra, mas se complementam e se enriquecem. De fato, quando as pessoas redescobrem o significado implícito de suas experiências, precisam integrá-las a uma visão maior, a um ideal de vida que dê sentido de perspectiva à sua existência.

Essa conexão entre o valor dos eventos individuais e o sentido vocacional da vida caracteriza não apenas o processo de crescimento humano, mas também a jornada da fé, bem como a adesão a um projeto vocacional específico, como o da vida consagrada ou do ministério sacerdotal. De fato, aqueles que respondem ao apelo de Deus são continuamente estimulados a redescobrir o significado de sua existência, entrando em contato com situações concretas que exigem respostas concernentes com as motivações religiosas subjacentes a cada escolha de vida.

Isso desafia todos a darem sentido ao que estão vivendo, integrando as diferentes situações com o sentido unificador de sua própria existência. Principalmente quando têm que enfrentar experiências particularmente significativas: por exemplo, diante de mudanças biológicas, ou conflitos relacionais, ou uma doença física; ou quando têm que fazer escolhas radicais, como deixar a família, a pessoa que ama, o trabalho, o contexto social. São experiências que envolvem a capacidade intencional do sujeito de fazer escolhas corajosas e definitivas, justamente porque são animadas pela redescoberta contínua do chamado de Deus (Fizzotti, 2006).

É a isso que conduz o caminho de fé, porque abre os olhos à capacidade de viver o valor mais profundo das coisas com as quais entramos em contato, uma experiência de valor que ao mesmo tempo projeta o próprio ser para aquele que ajuda a unir as mil peças do mosaico de sua própria existência.

Planilha para o discernimento:
concentre-se nas experiências de fé

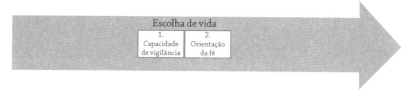

1. Para aqueles que discernem ou se envolvem em um caminho de acompanhamento psicopedagógico, é importante saber integrar os aspectos externos com as convicções internas da fé. O que isso significa?

   _____
   _____
   _____

2. O que alguém que vai guiar um caminho de discernimento ou acompanhamento psicopedagógico precisa observar no processo de crescimento espiritual?

   _____
   _____
   _____

3. Agora complete a seguinte frase: "As minhas maiores dúvidas de fé surgem quando...".

   _____
   _____
   _____

III — REANIMAR O DISCERNIMENTO EM VISTA DE UM PROJETO DE VIDA

A preocupação da Igreja em zelar pelo valor educativo da existência envolve os operadores do discernimento (educadores, orientadores espirituais, formadores, missionários, psicólogos, pais), no sentido de cuidar da autenticidade do estilo de vida, para que seja coerente com a identidade do chamado. "A conveniente renovação da vida religiosa compreende não só um contínuo regresso às fontes de toda a vida cristã e à genuína inspiração dos institutos, mas também a sua adaptação às novas condições dos tempos" (Paulo VI, 1981, n. 2).

A parte mais sensível dessa vigilância é a de um discernimento não desvinculado da vida, mas inserido num processo de formação e crescimento da pessoa, um lugar de reflexão e que pode ser motivo de enriquecimento construtivo para abrir o coração e a mente ao chamado de Deus.

Hoje, mais do que nunca, é necessária uma orientação educativa clara, com etapas que marcam o caminho, com um método válido que permite verificar as intenções de quem quer fazer um discernimento, especialmente nestes tempos em que o contexto social de onde vêm as vocações inclui realidades extremamente heterogêneas: diversidade de idade, mentalidade, cultura, ambiente familiar, fé, caráter etc. Propor com clareza um caminho de discernimento torna-se urgente e exigente, porque ajuda quem trabalha com as vocações a identificar o que transforma e revitaliza as pessoas, para que façam escolhas de vida que as envolvam a longo prazo.

Chega de discernimento unilateral!

Estar atentos às escolhas de vida, que fazem parte do processo de crescimento e amadurecimento das pessoas, envolve a necessidade de encontrar novas formas de mediação entre os (1) ideais propostos pelas congregações/dioceses ou desejados pelo indivíduo e as (2) situações reais em que cada um está inserido. "Como fazer um discernimento, quando não há mais vocações, ou, se houver, os vocacionados têm em média 45 anos?", perguntou um superior-geral, durante um encontro com os confrades de sua congregação. São condições concretas, ditadas pela história de vida de cada vocacionado, as quais impõem novos métodos de avaliação que levem em conta as rápidas transformações do mundo de hoje, onde emergem necessidades formativas impulsionadas pelos sinais dos tempos que desafiam os homens e as mulheres de boa vontade.

Diante de tais perspectivas, que sentido faz falar de um discernimento "unilateral"? Fazer com que o caminho formativo exija – implícita ou explicitamente – a adesão a atitudes externas estéreis ou a comportamentos rígidos, que respondem a um modelo estereotipado de perspectiva vocacional, pode levar a atitudes de acomodação e, principalmente, a não haver o envolvimento real da pessoa! Às vezes, o critério de certos projetos de discernimento parece preestabelecido, centrado mais nas expectativas de quem acolhe ou na adaptação de quem responde do que na escuta da voz de Deus nos sinais dos tempos.

Quando nos concentramos numa proposta vocacional normativa e passiva, que pouco se preocupa com as condições de vida da pessoa, corremos o risco de dissociar os conteúdos de uma proposta vocacional do método de um discernimento atento à vontade de Deus, que exige uma mediação contínua entre o ideal futuro e o esforço presente. "Não podemos tornar-nos cristãos engomados, aqueles cristãos demasiado educados que falam de coisas teológicas enquanto tomam o chá, tranquilos. Isso não! Devemos tornar-nos cristãos corajosos e ir à procura daqueles que são precisamente a carne de Cristo, aqueles que são a carne de Cristo!" (Francisco, 2013e, p. 8). A realidade "encarnada", à qual deve referir-se o processo de discernimento, é a existência concreta de cada pessoa, lugar privilegiado de encontro entre Deus e a humanidade.

Um discernimento que ajuda a mudar a vida das pessoas

Como inserir a fidelidade vocacional à criatividade dos sinais dos tempos? Como reconhecer isso na história de cada um? O discernimento deve tornar-se cada vez mais um modo de vida que ajude a traduzir os sonhos de um carisma desejado e animado pelas boas intenções em ações concretas e escolhas congruentes, coerentes com as necessidades ideais, mas também com a história real da pessoa: é o contato entre o ideal e o real que nos permite apreender o momento em que surge o impulso motivador para as escolhas de vida que iluminam o coração de quem as faz.

De fato, perante a urgência de apontar para uma perspectiva vocacional específica, que se renova dia a dia e se define por uma visão projetual da própria existência, torna-se mais do que nunca prioritário traçar o perfil operativo de um método de discernimento que facilite a consciência do caminho de integração das aspirações humanas e espirituais, enraizadas no ser feito à imagem de Deus (Poli; Crea, 2014, p. 115).

A partir do momento em que as congregações religiosas e as dioceses aprenderem a fazer o trabalho de "tecelão" dos eventos da história de quem escolhe uma vocação, auxiliando a reconhecer e processar as situações que surgem em diferentes momentos da vida de cada um, isso ajudará a consolidar as escolhas que vão "além" de seus próprios medos e aspirações ideais, bem como a chegar a um senso de abertura e confiança na ação do Espírito.

Harmonizar os dons recebidos

O discernimento não pode ser deixado ao acaso nem pode depender somente da boa vontade de um grupo de pessoas. Deve ajudar a fazer escolhas concretas para responder à necessidade de consistência exigida pela própria vocação. Para que isso aconteça, é preciso haver um trabalho de consciência da necessidade de harmonizar os dons recebidos de Deus, por meio de um processo reconstrutivo que facilite a adesão cuidadosa e consciente às escolhas comuns, coerentes com a orientação vocacional da pessoa.

Um processo contínuo entre identidade e perspectiva do sentido

Em primeiro lugar, a experiência de discernimento deve ser capaz de conectar a fidelidade aos dons recebidos com a disponibilidade para dar uma resposta vocacional fecunda, com capacidade de dar frutos em abundância (Mt 7,21-23). Numa das suas intervenções, o Papa Francisco deixou claro, referindo-se ao espírito que deve animar uma escolha de consagração especial: "a mulher consagrada é mãe, deve ser mãe e não solteirona! Que essa alegria de fecundidade espiritual anime a sua existência" (Francisco, 2013a). É na vida cotidiana que todos são chamados a integrar a fecundidade do chamado com a perspectiva de crescimento orientado para opções de vida que perduram e perseveram.

Isso nos leva a olhar de forma realista o processo de crescimento humano-espiritual que caracteriza o discernimento psicoeducativo, que não deve ser entendido como uma simples realização de qualidades padronizadas, de acordo com a vocação desejada, mas como um trabalho de envolvimento e transformação contínua, em que o indivíduo é chamado não tanto a ficar à mercê do passado ou das situações que encontra no presente, mas a ser fiel à perspectiva da própria existência.

O discernimento e as novas descobertas com as crises

Os momentos de crise são os que mais orientam à própria história, pois ensinam como reiniciar o processo de amadurecimento, despertando a necessidade de projetualidade teleológica que todo ser vivo carrega em si mesmo. O processo de discernimento tem a tarefa de facilitar a consciência de que as dificuldades servem para que se entre mais profundamente no mistério do chamado, e devem ser reconhecidas e enfrentadas com um estilo de vida aberto ao transcendente. Para isso, é necessário, ao longo do percurso, revitalizar o projeto vocacional com as tantas novidades que Deus coloca ao longo do caminho existencial da pessoa.

É essa perspectiva projetual e em constante mudança que dá sentido às escolhas operacionais do indivíduo, para que se realinhe com a opção básica de sua existência. "Ainda hoje a Igreja continua a necessitar de homens e mulheres que, em virtude do seu Batismo, respondam generosamente ao apelo a abandonar as suas casas, as suas famílias, a sua pátria, a sua língua, a sua Igreja local" (Francisco, 2013f, p. 2).

Essa concepção leva à descoberta de que a vida é muito mais do que uma sequência de eventos, e que em cada fase do processo de crescimento há decisões a serem feitas, sacrifícios a aceitar, assim como há novas conquistas a serem alcançadas pela visão de um caminho progressivo, que ajude o indivíduo a avançar em direção ao objetivo de plena disponibilidade para a ação de Deus.

Prestar atenção aos sinais de crescimento

As escolhas devem ser feitas, a partir do momento em que seja identificado em qual direção seguir. Na vida de cada pessoa, há indícios que apontam para a necessidade de ir além da pressão cotidiana, para ir na direção das escolhas mais profundas. Identificar para onde apontam essas necessidades, que vêm do mais profundo da própria realidade humano-espiritual, pode ajudar a reformular certos comportamentos disfuncionais, a partir do sentido vocacional da própria existência.

Frequentemente, esses indicadores são imperceptíveis e silenciosos, e, em todo caso, representam oportunidades de integrar os diversos componentes de si mesmo à perspectiva vocacional das próprias escolhas. Isso se dá a partir da forma de viver as relações (de se envolver em compromissos de trabalho ou de estudo, de assumir o próprio caminho de fé, de estar disponível para o voluntariado ou para a paróquia), mas também partindo da forma de administrar o autocuidado, a atenção às próprias necessidades, ao próprio mundo emocional. De todas essas áreas emergem sinais positivos e negativos, aos quais é importante prestar atenção, por isso o caminho do discernimento tem a tarefa de vigilância, verificando a capacidade do sujeito de integrá-los com um olhar fixo naquele que chama (CRB, 2010).

Evitar esses sinais, estigmatizando-os como insignificantes ou fugazes, ou negar o que é negativo, dissociando-o do que é positivo, é particularmente prejudicial e perturbador para o discernimento. Por trás dessas dinâmicas de fragmentação, preferências desadaptativas se estabelecem e podem trazer à tona estilos neuróticos que são preditivos de sofrimento psicológico, os quais não apenas distorcem a visão vocacional da existência, mas podem ser destrutivos para o próprio indivíduo e para os outros. São estilos desadaptativos que, nos sujeitos mais frágeis, podem transformar-se em verdadeiras patologias, até distorcer os ideais iniciais de dedicação para responder às suas necessidades psicológicas ou para preencher as suas carências afetivas (Francisco, 2013g, p. 6).

Vigiar essas situações torna-se um desafio formativo que estimula o processo de discernimento a assumir, com responsabilidade, a tarefa de verdadeira purificação e verdadeira mudança da pessoa.

O valor do "método" das estratégias educacionais

Diante da gravidade do que está em jogo, o discernimento não pode ser um simples esforço ao acaso, procurando saber qual é o caminho certo para dedicar a vida. Pelo contrário, ele deve ser um modo de vida que esteja ligado às aspirações mais profundas de quem se decide por uma vocação. Uma decisão tão importante não pode ser deixada ao destino ou à boa vontade de quem acompanha o discernimento.

O crescimento formativo requer um desenvolvimento progressivo e estruturado do "poder ser" do indivíduo e, por isso, se faz necessário que a realização dos objetivos vocacionais disponha de meios adequados para esse fim. Não se pode errar na escolha do futuro, especialmente se for um futuro ligado à ação do Espírito; as escolhas devem estar de acordo com a história pessoal, com a realidade atual e com o planejamento futuro da própria existência. "Nas ações da pessoa, sua capacidade de se projetar para o futuro, de criar hipóteses a partir da experiência passada e da consciência do presente, tem lugar de destaque" (Scilligo, 2002, p. 82).

Desse modo, a atenção se desloca da fragmentação das múltiplas expectativas externas (sociabilidade, altruísmo, complacência, bom senso etc.), correspondendo a um modelo de discernimento predeterminado, para um processo psicoeducacional no qual a pessoa participa ativamente da tarefa de descobrir a própria vocação.

Um discernimento permanente, comprometido com a vida

A existência humana é marcada por escolhas significativas, com as quais se realizam, dia após dia, os numerosos projetos de vida que levam cada um a ser o que é. Nesse caminho se tem a oportunidade de redescobrir e alimentar aquela responsabilidade educativa que ainda lhe permite responder ao projeto vocacional de Deus hoje. "Há uma juventude do espírito que permanece independentemente do tempo: está relacionada com o fato de o indivíduo procurar e encontrar, em cada fase da vida, uma tarefa diversa a cumprir, um modo específico de ser, de servir e de amar" (João Paulo II, 1996, n. 70).

Projetar um tal itinerário educativo que "persiste no tempo" significa traduzi-lo em experiências cotidianas, com etapas específicas que servem para operacionalizar o trabalho de discernimento. Ao longo do caminho, essa capacidade de integrar a história com as suas vulnerabilidades aos ideais de vida converte-se em um método de formação que caracterizará toda a existência da pessoa.

O caminho de amadurecimento que segue, sempre em frente, torna-se uma tarefa aberta e uma redescoberta contínua da própria vocação de ser filho de Deus, num clima de confiança consigo mesmo e com aqueles que caminham juntos, que têm o papel de discernir os sinais da presença do Espírito. Com efeito, a confiança em uma história educativa – que em grande parte já está em andamento – se refletirá no acompanhamento de quem guia o discernimento, que delimitará os seus contornos com um trabalho paciente e fiel. O processo de discernimento, através de acompanhamento interpessoal, colocará ao centro a relação, como lugar onde se labora a progressividade da perspectiva vocacional. "Pessoas maduras são aquelas que confiam em si mesmas livremente, que podem arriscar uma verdadeira reciprocidade na relação com o outro" (Wicks; Parsons, 1993, p. 46).

Dessa forma a ação educativa será efetiva, porque cada um dos protagonistas poderá participar dela com sua própria experiência de vida, em um caminho imerso na presença de Deus, em que o indivíduo perceberá que sua resposta faz parte de um projeto comum em que ele não está só, mas é apoiado por aqueles que o acolhem e o ouvem nas suas aspirações vocacionais.

Planilha para o discernimento: concentrar-se na capacidade de integrar desejos ideais com a realidade da vida

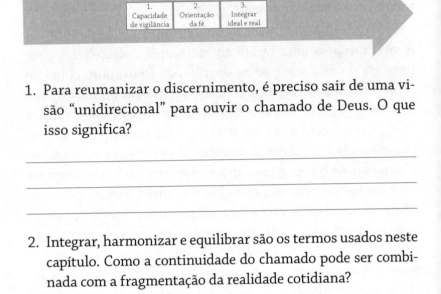

1. Para reumanizar o discernimento, é preciso sair de uma visão "unidirecional" para ouvir o chamado de Deus. O que isso significa?

   _____
   _____
   _____

2. Integrar, harmonizar e equilibrar são os termos usados neste capítulo. Como a continuidade do chamado pode ser combinada com a fragmentação da realidade cotidiana?

   _____
   _____
   _____

3. Agora, complete a seguinte frase: "Gostaria de fazer a escolha certa para minha vida, só que tenho medo de...".

   _____
   _____
   _____

IV — ESCUTA ATIVA COMO MÉTODO DE DISCERNIMENTO

A escolha vocacional é um momento de crescimento humano-espiritual em que se redescobrem os ideais que impulsionam a olhar para a frente com profunda esperança. O discernimento vocacional acarreta muitas mudanças na vida de quem faz escolhas, necessitando de integração entre as novidades emergentes e o desejo profundo de responder a um projeto que não é fruto da própria aspiração, mas que corresponde a uma vontade, que é revelada na cotidianidade. No discernimento, convergem as mais evidentes diversidades de cultura, idade, tradições, o que pode tornar-se uma oportunidade para identificar os sinais do chamado de Deus.

Planejar um discernimento que leve em conta as urgências formativas atuais, nas novas condições em que emergem as vocações, é um desafio que se torna cada vez mais relevante. Diante das mudanças e crises que a Igreja e toda a humanidade enfrentam, o uso de uma pedagogia eficaz favorece o desenvolvimento de um método que ajude a discernir e acompanhar a vontade de Deus, mas também a considerar tudo aquilo que impede o indivíduo de dizer sim, de abrir-se ao mistério do chamado vocacional.

Hoje existe uma evidente necessidade de "processualidade" na formação, que deveria levar em consideração uma série de objetivos intermediários em cada período formativo, de acordo com uma meta final a ser alcançada. O método de orientação vocacional exige propostas processuais, para que, a partir das múltiplas diversidades, possamos propor claramente um caminho de crescimento vocacional. A prática do discernimento pressupõe que todos (formadores, jovens, comunidades eclesiais) façam a sua parte, não apenas para dar conselhos mais ou menos úteis, mas para viver um estilo de vigilância que transforme e revitalize todos aqueles que compartilham do mesmo carisma.

Pastoral vocacional e o cuidado das vocações

O discernimento das vocações adquire cada vez mais um rosto diferente diante das novas realidades vocacionais da Igreja. A atenção ao amadurecimento do indivíduo nas diferentes realidades em que se encontra, com contextos culturais e sociais em que o nível de descristianização é cada vez mais elevado, implica a necessidade de se encontrar novas formas de mediação entre os ideais propostos e as situações reais em que toda vocação se desenvolve. "Como podemos falar de Cristo e do nosso carisma aos jovens de hoje, com as suas muitas fragilidades, mas também com as expectativas que colocam em nós?", perguntou uma formadora que acabava de iniciar o trabalho de acompanhar as vocações que procuravam a congregação. Existem condições concretas, ditadas pela história de vida de cada pessoa e pelo seu contexto de origem, que impõem novos modos de interação às atuais condições formativas, em vista de um crescimento vocacional em que a ação de Deus encontre espaço na realidade do homem de hoje.

Mas ainda é possível um discernimento em que a forma como se observam e se avaliam os sinais vocacionais seja válida para todas as condições e em todas as situações? Pensar que discernir é equivalente a dar respostas em conformidade com o que é exigido pela instituição pode ser uma grande tentação, às vezes enganosa e perigosa. A referência a um modelo de proposta vocacional, em que os indivíduos são chamados a se adaptar, se torna tranquilizadora para quem discerne, mas não é garantia de autenticidade vocacional. O estilo de discernimento não pode ser separado do tipo de formação que será adotado posteriormente.

Poderíamos dizer que a qualidade da relação é a pedra angular do processo formativo que se desenvolve ao longo do caminho do discernimento. É o aspecto relacional que caracteriza toda a missão da pastoral vocacional da Igreja: o apelo de Jesus "vem, segue-me" (Mc 10,21) é um apelo relacional, destinado a criar relações entre aqueles que escolheu para estar com ele. A Igreja não "exporta" projetos de salvação nem faz proselitismo para aumentar o número de padres e irmãs religiosas, mas é porta-voz do chamado de Deus, que se revela na história da humanidade. A sua principal tarefa é "representar de forma" expressiva "o acompanhamento de Deus, que sempre existiu. Deve, portanto, apresentar, antes de tudo, o mistério, segundo o qual a vida de cada um está e continua sempre diante dos olhos de Deus" (Baumgartner, 1993, p. 203).

Portanto, o conteúdo do discernimento, bem como as diferentes técnicas de avaliação devem ser colocados em um quadro de referência amplo, em que as pessoas estão no centro de todo o processo formativo: as relações que se criam entre quem acompanha e quem se deixa acompanhar tornam-se espaço de troca mútua de verdades, de comunicações de vida, e não apenas de teorias espiritualizantes; um espaço precioso de encontro e solidariedade, que ajuda a assumir, com clareza, o rumo da nova vida em Cristo, em um contexto de autêntica comunhão.

Nesse intercâmbio de experiências, os interlocutores ativam uma dinâmica de diálogo mútuo, em que se harmonizam as forças vitais do seu ser em relação àquelas que caracterizam a identidade de cada um, as quais permitem sintonizar o ideal vocacional a ser descoberto com o projeto de vida em Deus. "Um diálogo é muito mais do que a comunicação duma verdade. Realiza-se pelo prazer de falar e pelo bem concreto que se comunica através das palavras entre aqueles que se amam. É um bem que não consiste em coisas, mas nas próprias pessoas que mutuamente se dão no diálogo" (Francisco, 2013c, n. 142).

Por isso, é necessário que todo planejamento para o discernimento tenha claras as verdades a serem transmitidas com um método relacional dialogal e vigilante, capaz de discernir os sinais do apelo que fazem parte da história vocacional da pessoa. Para isso, deve haver uma espécie de "docilidade" à escuta recíproca, para que a relação se enraíze numa espiritualidade de comunhão, com capacidade de orientar quem está sendo acompanhado.

Um percurso formativo adaptado às relações recíprocas e autênticas

Não há uma receita pronta que nos ensine como integrar as características de cada indivíduo com o ideal vocacional almejado. Há, sim, um percurso formativo para ser realizado e construído em conjunto, em que todos têm um papel a desempenhar. É no quadro de uma autêntica relação que se podem discernir os passos que a pessoa está dando no reconhecimento dos sinais da presença de Deus na sua vida, no contexto interpessoal, lugar onde é possível distinguir o que está em conformidade com o plano de Deus.

Às vezes, ouvimos um mantra que se repete, do quanto é difícil conhecer as pessoas em profundidade, especialmente nessa época de rápidas mudanças geracionais. "Quando estou com eles", disse um formador idoso referindo-se ao grupo de noviços de idades muito diferentes, "nunca sei o que pensam e simplesmente não consigo ser ouvido. A única coisa que dizem, quando falam comigo pessoalmente, é que está tudo bem, que não há problema. Exteriormente todos parecem concordar, mas é difícil saber o que, realmente, estão planejando."

Nas páginas deste capítulo, destacaremos a importância de um diálogo aberto e sincero, que possa dissolver certas desconfianças e engajar os interlocutores a progredirem juntos, fazendo que o percurso seja repleto de respostas concretas e congruentes com um crescimento integrado em um projeto vocacional. Só assim o indivíduo poderá responder com autenticidade, assumindo a responsabilidade de ser um colaborador ativo no processo de discernimento.

Nesse clima de relacionamento autêntico, os atores do discernimento são convidados a conhecer-se, deixando-se modelar numa relação dialógica franca e sincera, no caminho de transformação e mudança que leva à descoberta dos sinais do chamado de Deus. Esse envolvimento permite olhar o processo de crescimento humano e vocacional de forma realista, porque leva em consideração as características evolutivas e as reais motivações de fé que emergem do confronto com a pessoa. "Desde que comecei a trilhar este caminho", disse com satisfação uma religiosa de votos temporários, empenhada em um curso formativo, "sinto que aprendi a lidar com a realidade, a equilibrar minhas expectativas, a não esperar o impossível, mas a exigir de mim o que realmente posso fazer bem".

Tudo isso não acontece por acaso, mas é o resultado de um paciente trabalho em comum, em que a tarefa específica de quem acompanha e de quem se deixa acompanhar é discernir os sinais da ação de Deus presentes ao longo do caminho. As experiências relacionais alcançadas requerem um equilíbrio justo entre objetivos comuns e um clima interpessoal de confiança. Às vezes, é necessário insistir na consecução de objetivos formativos específicos; outras vezes, é preciso assumir responsabilidades pelas escolhas nem sempre gratificantes. Em todo caso, o processo dialógico e, em particular, uma escuta ativa e paciente são os sinais distintivos de uma reciprocidade em que a relação é o lugar privilegiado de atenção ao chamado de Deus.

Ir ao encontro do outro, com uma escuta centrada na pessoa, ajuda a redescobrir as motivações profundas do caminho, porque nos apoia e nos encoraja a dar respostas concretas. O apoio dialógico e a atenção empática que são oferecidos não substituem a responsabilidade compartilhada do indivíduo, mas facilitam o direcionamento dos recursos e potencialidades presentes para que descubra a direção das próprias escolhas.

A importância da escuta para o discernimento

A escuta ativa é um método valioso para reconhecer e acolher a iniciativa divina na densa malha da experiência humana. Baseia-se essencialmente no clima de diálogo entre quem acompanha e quem se deixa guiar, através de relações interpessoais que facilitem a compreensão e o consentimento sobre os sinais de vida que confirmam a vocação. Toda comunicação inclui tanto a troca de conteúdo (o que os locutores falam entre si) quanto a relação que se estabelece entre eles. Ou seja, quem se comunica precisa estar atento ao que é comunicado, mas também ao modo de relacionar-se entre os interlocutores. Assim, ativa-se uma dinâmica de reciprocidade dialógica que ajuda a construir uma identidade que não se centra apenas nas próprias convicções personalistas ou espiritualistas, mas faz parte do sentimento comum, daquela "unidade" psicológica específica que se vai construindo passo a passo e que reforça as motivações para o discernimento.

A escuta mútua é multidimensional, porque ativa aqueles aspectos da existência que contribuem para essa comunhão de perspectiva, preparando para uma melhor compreensão da diversidade que é o outro. Para compreender essa multidimensionalidade da escuta, podemos recorrer a um modelo de Schulz von Thun (1981) que explica a complexidade da escuta descrevendo o processo dialógico como um fenômeno que se desenvolve "em quatro níveis". Durante o processo de comunicação, uma vez recebida a mensagem, o destinatário decodifica seu significado por meio de uma escuta atenta que inclui as seguintes dimensões: conteúdo, autoapresentação, relação e pedido. Vamos examiná-los mais de perto (Arielli; Scotto, 1998, p. 116; Franta; Salonia, 1981, p. 34ss).

1. A dimensão do **conteúdo** diz respeito ao conjunto de informações, ideias, opiniões sobre o objeto de referência da comunicação; responde à pergunta implícita: "Do que você está falando?".

2. A dimensão da **autoapresentação** diz respeito à forma como a pessoa se apresenta na comunicação, como ela vivencia uma determinada situação, como a administra; é a imagem de si mesmo, apresentada ao outro, o status com que o falante se dirige ao ouvinte. Responde à pergunta: "Como o outro se apresenta a mim enquanto se comunica, o que ele diz de si mesmo?".

3. A dimensão do **pedido** diz respeito ao conjunto de solicitações que a pessoa faz na sua comunicação; é o aspecto afetivo da ação comunicativa, porque tem a função de explicitar o que o outro deseja alcançar e o que deseja evitar. Responde às perguntas: "O que aquele que fala quer alcançar com sua comunicação? O que está perguntando?".

4. A dimensão da **relação** refere-se ao relacionamento que se estabelece entre as pessoas em comunicação; diz respeito à percepção que cada um tem do outro em interação. Responde à pergunta: "Como o outro percebe a mim e o nosso relacionamento?".

Em um percurso formativo, como aquele que caracteriza um projeto de discernimento, as pessoas que se comunicam passam continuamente por essas dimensões. Essa versatilidade da escuta permite compreender em profundidade os conteúdos que estão sendo comunicados, o que nos permite representar a relação recíproca como um caminho no qual as diferentes dimensões podem ser acionadas, tornando-se motivo de acolhimento abrangente em vários níveis e em maior intensidade. A integração entre as diferentes formas de escuta permite "compartilhar as próprias necessidades, preocupações e responsabilidades com alguém em quem se pode confiar" (Mailloux, 1962, p. 489).

A escuta atenta fortalece a relação, pois permite conhecer não só os conteúdos específicos da comunicação, mas também a perspectiva para a qual tende a relação entre os interlocutores. Se a comunicação entre o formador e o formando inclui a partilha de experiências de vida (nas reuniões de grupo, nas celebrações litúrgicas, nos momentos informais que caracterizam um programa de discernimento), a escuta multidimensional se torna uma oportunidade de entrar na história do outro, permitindo alargar a narrativa das experiências, graças a um diálogo que reforça a perspectiva comum de reconhecer os sinais do chamado de Deus.

Mas ainda podemos perguntar-nos: O que acontece quando o diálogo formativo está centrado apenas em uma dimensão? O que acontece quando se está preocupado em falar sem ouvir uns aos outros? Quando as pessoas estão focadas em apenas uma dimensão da escuta, ou na escuta autorreferencial, o discernimento corre o risco de ser um diálogo entre surdos. Ou seja, corre-se o risco de se tornar um jogo de mal-entendidos que podem distorcer o próprio objetivo da formação, visto que o formador ouve conteúdos que não correspondem à realidade da pessoa, enquanto o formando transmite um conteúdo que não representa o que ele vive dentro de si mesmo.

Nesses casos, é como se ativássemos apenas uma dimensão, aquela que mais corresponde ao que queremos escutar naquele momento, ouvindo de forma seletiva e redutora as palavras do outro, o que distorce o relacionamento mútuo. O mal-entendido que se cria não diz respeito apenas aos conteúdos individuais, mas ao sentido que a pessoa atribui ao que diz, portanto, à sua própria identidade.

O risco de uma comunicação distorcida pode levar a que se vejam sinais vocacionais onde não existem, bem como a desconsiderar o desconforto subjacente naquele que se comunica. As distorções na comunicação empobrecem a compreensão mútua e alimentam uma atitude de desconfiança e crítica com respeito ao que o outro diz sobre si mesmo. Nesse sentido, os interlocutores tendem a adotar estratégias de comunicação disfuncionais para o relacionamento e a execução do discernimento vocacional, o que não ajuda a distinguir os sinais vocacionais (Murphy, 1998; Robinson, 1970).

Um discernimento dialógico transformador que compromete toda a vida

A combinação entre diálogo e discernimento caracteriza todo o processo de crescimento pessoal. Isso se acentua ainda mais quando se trata de um percurso em que a busca vocacional exige atenção especial aos sinais dos tempos, *locus* onde a vocação se manifesta através de uma história de vida. A narrativa que envolve a vida não é apenas um recontar episódico do passado, baseado nos conteúdos catequéticos ou espirituais. Mas, sim, um modo de vida que se refere à continuidade na forma como alguém aprendeu a se relacionar nas inúmeras situações que marcaram o seu crescimento, falando sobre si mesmo e entrando em uma relação enriquecedora com o mundo exterior.

No discernimento, a narrativa sobre a vida continua com a ajuda das numerosas oportunidades de intercâmbio relacional oferecido pelo acompanhamento vocacional. Já a participação é uma história de vida que exige tripla atenção: ao conteúdo da história da pessoa, à sua identidade pessoal, à relação que estabelece com quem a escuta e a acompanha na direção dos valores da própria existência.

Reconhecer essa interpretação centrada na escuta dialógica, em um programa de discernimento, significa traduzi-la em experiências específicas, com etapas distintas, que se verificam ao longo do percurso educativo, para operacionalizar o diálogo na perspectiva da integração entre os ideais vocacionais e a realidade da pessoa. Ao longo do caminho, a clareza dessa abordagem torna-se um método, não só informativo (dos conteúdos catequéticos e espirituais), não só formativo (das atitudes a modelar), mas um percurso transformador, porque se torna um diálogo que transforma o modo de ser, por meio um projeto de vida que abra os interlocutores à vontade de Deus, um diálogo transformador que a pessoa pode interiorizar e que caracterizará toda a sua existência. Essa perspectiva dialógica, vivida no caminho do discernimento, deve tornar-se um método eficaz de formação permanente, a ser reapresentado ao longo de toda a existência, porque será sempre necessário ouvir e captar os sinais da presença de Deus. Mas será também imprescindível estar ciente das muitas distorções dialógicas que minam o desejo de responder com todo o coração à vontade de Deus.

Essa expectativa, a longo prazo, torna-se uma tarefa aberta à narração contínua da própria história, aberta a redescobrir os sinais do chamado, com atitude de esperança fecunda e de vigilância atenta, num clima de confiança para com todos aqueles que terão a incumbência de facilitar esse percurso. O caráter dialógico desse caminho educativo nos remete ao sentido eclesial do discernimento. Toda vocação não é um assunto individual, nem para quem bate à porta do convento nem para quem promove as vocações. Mas, sim, é um presente a ser acolhido e cuidado em conjunto e continuamente. Então, sim, a comunicação será efetiva, porque haverá uma troca de palavras e, também, das identidades entre os interlocutores, em que todos podem participar com a história de sua própria experiência de vida, sabendo que não são apenas companheiros de viagem, mas também testemunhas e mestres da vida.

A narração da história como uma tarefa educacional

Motivado pelas novas emergências que surgem tanto dentro como fora da Igreja, quem trabalha com o discernimento é convidado a colocar a comunicação em primeiro lugar como parâmetro educativo fundamental, para enfrentar a tarefa de acompanhamento e para saber claramente onde investir as próprias energias.

Essa atenção está ligada à consciência de que a história das experiências de vida de alguém diz respeito não apenas a uma sucessão de eventos, mas também envolve aqueles aspectos "que inspiram uma relação permanente e uma troca de experiência criativa caracterizada por um equilíbrio entre variação e constância" (Scilligo, 2002, p. 4). Por "variação", entendemos as muitas mudanças ligadas aos acontecimentos da vida de uma pessoa; por "constância", entendemos o convite contínuo a ir além, voltando os ouvidos para ouvir a voz daquele que chama. Nessa narrativa, entendida como uma experiência que une quem se comunica e quem escuta, a pessoa ganha confiança, porque sente que pode expressar o que vivencia tanto em termos de conteúdo (que são os fatos da vida que expressam seu ser, sua identidade) como em termos de processo (como ela se tornou o que é na relação com os outros).

Essa abordagem, em que se dá prioridade à pessoa e à sua história partilhada, é cansativa e demorada, porque as dimensões e as características que deverão ser discernidas não estão preestabelecidas e estruturadas de antemão (como quando se pensa que um bom candidato ao sacerdócio ou à vida religiosa deve responder a certos critérios de avaliação: deve ser bastante sociável, disponível, prestativo, contemplativo, ter sucesso acadêmico...), mas "devem ser extraídas criativamente através da observação e requerem agilidade e criatividade na escuta do que a pessoa conta sobre si mesma. As dimensões são construídas por meio de um processo orientado pelo contexto da própria narrativa" (Scilligo, 2002, p. 7).

É um tipo de comunicação que obriga os falantes a verificarem se a história de sua experiência é congruente com os significados atribuídos a tais descrições. Quem orienta o sujeito no caminho do discernimento prestará particular atenção a isso, verificando como cada peça da sua história se encaixa na verdade vocacional para a qual ele tende. Mas como ter certeza de que os fatos correspondem a essa verdade? Segundo Gergen, a verdade da história pessoal de um sujeito depende da "precisão" com que a história é relatada e, portanto, do senso de realismo com que ele vivencia o que diz, referindo-se aos fatos observáveis de sua narração. Depende também da capacidade de dar sentido aos fatos da vida que, em si mesmos, são de natureza transitória e relativa e que, portanto, se modificam de acordo com a evolução da história da pessoa. Em outras palavras, a coerência entre as motivações subjacentes à narração e a evolução da história pessoal de alguém depende de como as experiências da pessoa aderem à realidade objetiva da vida, bem como dos significados atribuídos a tais descrições (Gergen, 1988).

Observar essa dinâmica narrativa – o fato de verificar o quanto a história da pessoa está ligada aos aspectos de sentido para os quais se abre em um caminho de discernimento – significa notar não só a dimensão *objetiva* inerente à realidade dos fatos, como também a dimensão *subjetiva* inerente ao significado atribuído que se revela nas escolhas diárias. Nesse trabalho de atenção, podemos reconhecer não só a tarefa educativa do indivíduo, mas também de toda a comunidade cristã: "é dever da Igreja investigar a todo momento os sinais dos tempos, e interpretá-los à luz do Evangelho; para que assim possa responder, de modo adaptado em cada geração, às eternas perguntas dos homens acerca do sentido da vida presente e da futura, e da relação entre ambas" (Concílio Vaticano II, 1998, n. 4).

Além disso, é uma tarefa educativa que tem como ponto de partida a vida real de quem necessita de acompanhamento, consciente de que dar sentido aos acontecimentos é o mais importante, assim como acontece na vida cotidiana. Tudo isso não acontece por acaso, nem pode ser considerado acidental, mas é uma tarefa almejada que se realiza passo a passo, na qual podemos reconhecer algumas diretrizes que marcam seu caminho e caracterizam toda a intervenção educativa.

Primeira diretriz: adesão a Cristo como experiência formativa

Como já vimos no segundo capítulo, o discernimento tem uma função educativa na fé. Queremos sublinhar o seu valor transformador centrado na relação dialógica com o Deus que chama. Cristo é o modelo privilegiado dessa preocupação pedagógica da Igreja, ele é o formador, que traz ao coração de cada pessoa a alegria de uma vida nova centrada no seu exemplo e no seu amor. A narração da vida como história vocacional torna visível essa opção cristocêntrica, que se compromete a conformar-se à sua forma de responder à vontade do Pai. Além disso, a visão evolutiva do desenvolvimento vocacional ensina que essa adesão a Cristo deve ser continuamente renovada ao longo do caminho. Somente se deixando transformar por aquele que é fonte de amor e mestre de uma nova vida, será possível distinguir aqueles sinais de vocação, aderentes ao projeto vocacional que nos permite atribuir novos significados aos fatos da vida.

Segunda diretriz: atenção aos sinais dos tempos

A perspectiva educativa está atenta aos sinais dos tempos, porque é no tempo e na história que se pode reconhecer a ação do Espírito que age e renova, permitindo ouvir a voz de Deus na própria vida. Da mesma forma, é no tempo que podemos compreender a necessidade de dar sentido à nossa existência. Por isso, o discernimento deve tornar-se um grande exercício de liberdade de todos aqueles condicionamentos que parecem aprisionar o desejo de uma perspectiva intencional. Nesse caso, a formação ajudará a identificar o que é preciso deixar: no nível do caráter, dos projetos, dos afetos, dos bens...

Ao mesmo tempo, a necessidade de liberdade não se pode limitar apenas a conter as influências negativas da própria história: estar livre de qualquer solicitude e preocupação, de opressão, de distúrbios psíquicos ou inconsistências, ou de feridas etc. Parar apenas na liberdade entendida como uma "liberdade de..." elementos externos ou internos seria muito restritivo. Correr-se-ia o risco de se tornar uma liberdade que polariza a atenção para o mundo e as prioridades pessoais.

A liberdade que permite identificar os sinais dos tempos, que conduz a uma nova experiência, abre o indivíduo a novas atitudes, a novas resoluções e, sobretudo, permite perceber aqueles valores que persistem ao longo do percurso. Nessa resposta positiva ao que a liberdade traz ao homem, está a direção fundamental da sua existência, que o leva a ser responsável "por algo...", saindo de si mesmo para ir ao encontro daquele projeto de vida que sintoniza com a plena realização em Cristo Jesus.

Quem acompanha o discernimento deve facilitar essa "autotranscendência" como perspectiva, centralizada na experiência da gratuidade do dom recebido, ao mesmo tempo reconhecido pela força transformadora da fé. Assumir a realização dessa tarefa é um processo de responsabilidade educativa, comprometido em descobrir o verdadeiro sentido da existência, em dar uma resposta significativa à pergunta que a vida coloca a cada ser humano.

Educar, nesse sentido, significa ajudar a discernir os sinais da presença de Deus no dia a dia, graças àquela liberdade que dinamiza as ações individuais, atribuindo sentidos às próprias escolhas do cotidiano que se orientam ao projeto de amor reconhecido como dom. Tudo isso constitui um desafio ao qual todos são chamados a responder com seus potenciais, fazendo com que todas as coisas convirjam para aquele que dá sentido a toda a existência.

Terceira diretriz: o envolvimento de toda a pessoa

A experiência dessa liberdade "para algo ou para alguém" inclui uma dupla aspiração. Por um lado, o desejo de implementar o potencial e os recursos presentes. Por outro, a vontade de alargar os seus horizontes de sentido, pois, nas ações, a pessoa redescobre o seu ser criativo.

Os diferentes estágios evolutivos contribuem para essa visão, cada um dos quais tem seu próprio significado e valor, sua plenitude, ainda que não definitiva. Essa forma de conceber o papel pedagógico do discernimento dá origem a objetivos realistas, cada um dos quais se caracteriza por aquela exatidão e precisão que permite em qualquer idade atingir objetivos educacionais sintonizados com o projeto vocacional.

Somente com esse envolvimento global, incluindo a totalidade de seu ser, a pessoa será capaz de dar sentido à ação transformadora que será exigida ao longo do caminho, direcionando todas as suas energias para o sentido autêntico de suas escolhas.

Planilha para o discernimento: foco na escuta personalizada

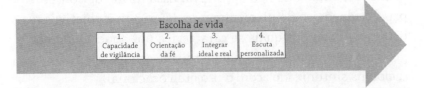

1. Ouvir quem faz um discernimento é importante, porque ajuda no relacionamento com o outro e com o Totalmente Outro. O que isso significa e quais são suas implicações?

   _____
   _____
   _____

2. Liberdade "de" e liberdade "para": que diferença existe e o que elas implicam para o discernimento?

   _____
   _____
   _____

3. Agora, complete a seguinte frase: "Quando ouço algo que me interessa, a primeira coisa que faço é...".

   _____
   _____
   _____

V | Itinerários psicológicos no processo de discernimento

O discernimento é um empenho de observação cuidadosa e paciente. Observar o comportamento individual significa detectar os componentes que diferenciam cada um e que marcam o percurso de crescimento na resposta vocacional. Um caminho em que "o indivíduo procura e encontra, em cada fase da vida, uma tarefa diversa a cumprir, um modo específico de ser, de servir e de amar" (João Paulo II, 1996, n. 70), através de um determinado temperamento, uma forma de se relacionar, de experimentar as emoções que lhe são próprias e que o distinguem na sua identidade.

Além disso, junto com a necessidade de conhecer as características pessoais que nos diferenciam uns dos outros, também é importante ter em mente os fatores que afetam essas diferenças. Muitas vezes o comportamento de um indivíduo depende do meio familiar em que cresceu, ou do meio social e econômico ao qual pertence, ou mesmo da cultura de origem. Para conhecer melhor a pessoa e saber quais são os fatores que favorecem suas escolhas, é preciso levar em consideração não só de onde ela vem, mas também para onde se orienta, portanto, o desenvolvimento e a perspectiva de seu caminho existencial.

Portanto, o processo de discernimento não se reduz apenas ao desenvolvimento das características individuais (como traços, motivos, esquemas cognitivos), mas é o resultado da contínua integração entre os critérios que são determinantes para o crescimento individual. A base para tal crescimento se encontra nos princípios metodológicos que regulam, organizam e estruturam a realidade individual, facilitando o desenvolvimento de tarefas existenciais, tendo em vista a meta vocacional indicada pela maturidade da pessoa.

Para melhor apreender a dinâmica do processo dessa integração, entre os princípios que regulam as diferenças individuais e um projeto de vida aberto ao chamado vocacional, queremos destacar alguns critérios psicológicos que caracterizam o processo de crescimento de quem discerne a vocação. Para quem acompanha o discernimento das vocações, esses critérios poderão ser operacionalizados nas perguntas destacadas mais abaixo. São critérios que distinguem não só os aspectos descritivos do indivíduo, como desenvolvimento e organização da personalidade, mas também os aspectos motivacionais e prospectivos, que estão na base de toda verdade vocacional, para a qual a pessoa tende com a totalidade da sua personalidade.

Por uma nova concepção de ser humano

O caráter profundo da pessoa, sua interioridade, o ruído às vezes inacessível das suas próprias angústias e medos, são aspectos importantes do processo de discernimento, aos quais retornaremos por meio de um modelo de observação diagnóstica no sétimo capítulo. Nas páginas que seguem, partiremos da abordagem psicológica que leva a pessoa a assumir a responsabilidade pelas próprias escolhas, abrindo-se ao sentido e ao valor do próprio ser, mesmo nas situações mais difíceis.

O modelo humanístico se interessa por essa forma diferenciada de olhar a história psíquica do indivíduo, vinculada a uma visão de mundo orientada para as experiências subjetivas, em que o ser humano é considerado em sua capacidade de se manifestar nas situações cotidianas da vida (Crea, 2005, p. 63ss).

Os princípios fundamentais da corrente humanista baseiam-se numa concepção de pessoa aberta às múltiplas experiências construtivas nas quais se encontra, bem como na confiança na sua capacidade criativa e proativa diante dos desafios da sua história pessoal, da sua existência. Essa visão atribui um papel importante ao planejamento do sentido de cada vida, ao ideal, à espiritualidade, à busca de sentido, direcionando a pessoa a ir além de si mesma. A pessoa é considerada uma unidade indissociável, composta por funções diversificadas, que visam potencializar os recursos mais importantes para o seu crescimento.

Atenção às necessidades como um processo educacional gradual e prospectivo

Quem aponta para o "poder ser" da sua existência é chamado a cuidar dos recursos de que dispõe para crescer. Segundo Maslow (1971, p. 61), o homem se realiza na medida em que satisfaz suas necessidades básicas e desenvolve seu potencial pessoal. Segundo esse autor, o desenvolvimento passa pela satisfação cada vez mais completa de uma hierarquia específica de necessidades a serem realizadas, o que ajuda as pessoas a serem cada vez mais autônomas, competentes e capazes de uma abordagem criativa do mundo.

Mas como delinear essa ascensão à integridade das diferentes necessidades da pessoa? Por meio dos cinco pontos que indicamos a seguir:

1. Na base dessa hierarquia estão as necessidades *fisiológicas*, que são as mais fundamentais, evidentes e elementares. A vida e o funcionamento do organismo dependem da satisfação das necessidades básicas, mas

também do surgimento de outras necessidades presentes em um nível superior. A satisfação e a integração das necessidades básicas são condições indispensáveis para trazer à tona as necessidades de nível superior.

2. As necessidades do segundo nível têm um caráter mais *social*, que está vinculado à segurança do indivíduo, como dependência, proteção, estabilidade, necessidade de estrutura, ordem, limites etc., necessidades importantes de estabilidade relacional.

3. No nível seguinte estão as necessidades de *pertencimento e afeição*. Se as necessidades fisiológicas e de segurança forem suficientemente satisfeitas, surgem as necessidades de afeto, amor e pertença. Com o passar dos anos, a pessoa sentirá necessidade de afeto e precisará de um lugar em seu grupo ou família, o que a levará a esforçar-se para cumprir esse propósito. Ela tentará chegar a tal lugar mais do que qualquer outra coisa e poderá até esquecer o quanto estava faminta e o quanto desprezou o amor como algo irreal, desnecessário ou sem importância. Nessa busca pelo afeto, sentirá a dor da solidão, a rejeição, a ausência de amigos.

4. No nível seguinte da hierarquia está a necessidade de uma *autoestima* saudável e estável, por parte de si mesma e dos outros, indispensável para combinar o desejo de reputação e prestígio com um senso adequado de domínio e competência para enfrentar o mundo com confiança.

5. Finalmente, no último nível da escada hierárquica, temos a *autorrealização*, que consiste na tendência de se tornar uma personalidade integral, estando ciente de que ninguém pode realizar-se plenamente, uma vez que

não é dado ao homem conhecer plenamente suas possibilidades, seus talentos, suas habilidades. Nesse nível, a pessoa orienta seu amadurecimento para os valores do ser, que incluem verdade, beleza, perfeição, justiça, honestidade, lealdade, cuja satisfação traz saúde e felicidade, enquanto sua privação leva à frustração e à patologia. São esses os valores que ajudam a pessoa a responder às suas questões existenciais, no que diz respeito ao seu comportamento moral e ao sentido da sua vida, que lhe permitem realizar ao máximo a sua personalidade.

Para que a pessoa perceba essa hierarquia de necessidades e responda conscientemente às questões de sua própria existência, certos fatores sociais e pessoais devem ser garantidos. Em um nível relacional, deve haver condições particulares que permitam a expressão de si mesma, de suas habilidades, de suas necessidades. No contexto do acompanhamento, isso será possível quando for criado um contexto dialógico que facilite o devir individual, com empatia saudável e comunicação sincera, em que todos possam expressar-se como são. No que diz respeito às condições pessoais, deve ser facilitado um estilo de vida em que a natureza humana não seja reprimida, mas, ao contrário, seja estimulada a se manifestar com espontaneidade, naturalidade, autoaceitação e consciência.

Inserido em um ambiente interpessoal favorável e possuindo certas qualidades pessoais, o indivíduo pode se desenvolver de forma consciente. A dimensão espiritual e religiosa também participa dessa autorrealização, pois, quando a pessoa consegue integrar plenamente os fatores sociais e pessoais, atinge uma identidade que se manifesta em vivências e comportamentos intensamente vividos, momentos em que o crescimento de si também inclui abertura para a dimensão espiritual. Nesse nível, ela tende a unificar as diferentes partes de si mesma, integrando-as de maneira mais eficaz e harmoniosa, porque está ciente de suas próprias experiências e de sua própria criatividade; são pessoas que conseguem ter um contato mais íntimo com os outros e com a realidade externa.

> **Que indicações operacionais podemos apreender para o percurso de discernimento?**
>
> Seguindo as indicações de Maslow (1971, p. 119), a identidade de um si mesmo integrado e real e a satisfação das necessidades básicas constituem uma meta por si mesma e também uma meta transitória. Um fim em si mesmo no sentido de que permite à pessoa ver os passos necessários para a autorrealização, e também transitórios, porque é um momento de transição no caminho que leva à transcendência da identidade, desenvolvendo suas habilidades de forma criativa e responsável.
>
> Esses elementos podem tornar-se critérios de observação para quem discerne: como pode a pessoa reconhecer e utilizar os recursos de que dispõe, para obter as coisas boas de que necessita e integrá-las numa perspectiva harmoniosa e equilibrada de si mesma? Consegue fazer isso de acordo com os critérios de gradualidade? Na progressividade da experiência formativa, a pessoa não está só, mas interage com o meio, com a comunidade, num contexto que a ajuda a renovar e valorizar os seus recursos, tendo em vista novas perspectivas de envolvimento. Como o candidato (formando) consegue se integrar com a sua diversidade de caráter, idade, cultura?

A capacidade de ter experiências adequadas com o próprio crescimento

Junto com o potencial que permite à pessoa satisfazer suas necessidades de forma ordenada e progressiva, de acordo com os critérios psicológicos indicados por Maslow, há um outro aspecto ao qual se deve dar atenção no percurso de discernimento: é a capacidade de implementar, promover e incrementar iniciativas e experiências que facilitem seu crescimento e identidade.

"O organismo concretiza-se na direção de uma diferenciação maior de órgãos e de funções. Move-se na direção de uma expansão limitada através do crescimento, da extensão de si próprio por meio de suas ferramentas e através da reprodução. Move-se na direção de uma independência ou autorresponsabilidade maiores" (Rogers, 1992, p. 555).

De acordo com Rogers, o comportamento humano depende de como o indivíduo percebe o mundo ao seu redor. Essa percepção é organizada tanto pela experiência que ele tem da realidade objetiva quanto da que tem em contato com o ambiente e pela estrutura do *self*, incluindo as experiências que atribui diretamente a si mesmo, como um objeto de consciência.

A estrutura do *self* é particularmente importante no desenvolvimento do comportamento individual, porque é por meio dela que a pessoa simboliza suas experiências. "No contato com o meio ambiente, principalmente nas relações interpessoais, a consciência de ser se organiza em um 'conceito de *self*', que é 'um objeto de percepção em seu campo de experiência'" (Ronco, 1987, p. 161).

Esse conceito de *self* é influenciado por experiências e interações com outras pessoas. Desde a infância, as respostas positivas de apreciação permitem que se desenvolva uma autoestima positiva que é internalizada na estrutura do indivíduo. A autoestima permite compreender o que são as experiências individuais que os outros consideram positivamente e quais se tornam critérios de seleção para as experiências subsequentes. Experiências que são valorizadas são simbolizadas para a consciência, enquanto as que são contrárias são distorcidas ou negadas. "A partir de sua interação com o ambiente e com outras pessoas significativas, o indivíduo integra na estrutura do *self* todos aqueles elementos da experiência presente que não são discrepantes de seu próprio conceito de *self*" (Giusti et al., 1997, p. 74).

Porém, se o organismo não simboliza algumas experiências significativas por se sentir incompatível com o *self*, torna-se defensivo, não se autorrealiza e não consegue adaptação à realidade. A inconsistência entre as experiências e a estrutura do *self* produz comportamentos discrepantes, dos quais o indivíduo se defende com uma atividade perceptiva rígida e irreal, para manter certa coerência interna necessária à sua própria sobrevivência psicológica.

Pelo contrário, o pleno funcionamento da pessoa madura, que se revela hábil para fazer escolhas que perduram no tempo, é alcançado com uma abertura total às experiências e com plena autenticidade, com a qual ela chega a uma estrutura segura de si mesma, sendo capaz de mudanças com flexibilidade, porque está aberta para aceitar as próprias experiências e as diferenças, com um comportamento singular e criativo de adaptação, mesmo em situações de dificuldade e crise.

O equilíbrio psíquico e a continuação do processo de amadurecimento em direção à melhoria e a uma direção significativa consistem em integrar todas as experiências de vida "e avaliá-las, segundo o critério de sua validade e utilidade, para satisfazer a tendência fundamental de autorrealização" (Ronco, 1987, p. 164). Esse aspecto deve certamente ser valorizado no processo formativo e no percurso do discernimento. Avaliar as experiências alcançadas através de comportamentos concretos, havendo como referência os fatos detectáveis da narração histórica da vida, torna-se um critério de observação do crescimento pessoal na direção da verdade sobre si mesmo; isso, tanto nas experiências imediatas como nas de longa duração, partindo do princípio de que a vida é um processo ativo que estimula as pessoas a crescerem e se adaptarem continuamente.

> **Que indicações operacionais podemos apreender para o caminho de discernimento?**
>
> Para quem faz o discernimento, torna-se importante perguntar-se: como a pessoa é capaz de passar das palavras aos atos? Como as experiências vividas contribuem para estruturar o seu eu de forma harmoniosa e perseverante? Ao mesmo tempo, é útil observar como ela reage às situações difíceis que encontra, verificando se reconhece as experiências que são incompatíveis com o seu próprio processo de crescimento e, consequentemente, se consegue elaborá-las para fazer escolhas de vida; ou, ao invés, se as remove ou as nega, assumindo uma atitude de rigidez defensiva, com a qual se fecha em suas próprias posições. Refletir sobre como o indivíduo se relaciona com as experiências vividas torna-se uma oportunidade para observar sua vontade de saber discernir – a partir da realidade – o que é bom do que é mau, fazendo escolhas com base nas motivações vocacionais internalizadas.

Autorrealização e autenticidade no modo de enfrentar a realidade

Cada indivíduo está sujeito a regredir e progredir, à vida e à morte, à promessa de atualização do próprio potencial humano e à impossibilidade de realizá-lo pelos próprios limites ou limites sociais. "Não temos uma existência caracterizada por fraternidade, felicidade e contentamento; ao contrário, vivemos num caos espiritual e num estado de confusão fronteiriça à loucura – não aquela loucura histérica típica da Idade Média, mas um estado semelhante à esquizofrenia, em que ficou perdido o contato com a realidade interior e a vida intelectual está dissociada da afetiva" (Fromm, 1966, p. 4).

Essa alternativa que todo homem tem diante de si, tem um caráter constrangedor e limitador de sua liberdade, pois, à medida que ele vai crescendo, vai entrando em contato com uma realidade caótica, que impede a criação de relações saudáveis e a plena expressão da individualidade.

"À medida que cada vez mais o homem ganha liberdade, no sentido de se desprender da unidade originária com os outros homens e com a natureza e se tornar cada vez mais 'individual', não lhe resta outra alternativa senão unir-se ao mundo na espontaneidade do amor e da atividade produtiva, ou para buscar segurança nos laços com o mundo, de forma a destruir sua liberdade e a integridade de seu ser individual" (Fromm, 1986, p. 30).

Diante de tais dicotomias existenciais, o homem sente uma forte sensação de desamparo e frustração. Ele pode fazer opções que não o ajudem a crescer, a menos que se envolva em comportamentos que lhe permitam crescer em direção a escolhas de vida nas quais se sente plenamente realizado.

A religião também coloca o homem diante da dupla possibilidade de crescimento ou destruição. Na verdade, a crença religiosa "pode conduzir no sentido da destruição ou do amor, da dominação ou da fraternidade; pode desenvolver os poderes racionais ou paralisá-los; tanto é possível que o homem reconheça o seu sistema como de natureza religiosa, embora diferente dos seculares, quanto pensar que não tem religião alguma, e interpretar sua devoção a certas forças, como, por exemplo, o dinheiro e o sucesso, como simples preocupação pelo aspecto pragmático da vida" (Fromm, 1966, p. 35). A religião pode, portanto, paralisar o desenvolvimento da pessoa, quando é autoritária e hiperestruturada, ou favorecer o seu crescimento tanto no plano individual como relacional.

Para remediar essa contradição profunda, segundo Fromm, o homem deve se direcionar para algo, compreender o aspecto último e sociocultural que lhe permite crescer na construção de uma personalidade autêntica, remediando uma nova harmonia do seu ser no mundo, no lugar da harmonia original perdida com a natureza, consigo mesmo e com os outros (ibid.,

p. 42). Mesmo no contexto de uma busca vocacional, para amadurecer em si essa harmonia, que dá perspectiva ao seu ser, a pessoa necessita de aptidões adequadas que a ajudem a responder e a contribuir com as expectativas do contexto relacional; ao mesmo tempo, deve se envolver em um nível individual, redescobrindo o caráter distintivo de seu ser em sua criatividade e produtividade. "Se queremos entender um indivíduo de forma mais completa, os elementos diferenciais são de extrema importância. Mas, se quisermos entender como a energia humana é canalizada e opera como força produtiva em uma ordem social específica, então o caráter social merece estar no centro de nossa atenção" (Fromm, 1986, p. 210).

O que permite ao homem amadurecer esse senso de adaptação construtiva são as forças que derivam da condição humana de sua existência, sobre as quais ele pode exercer algum controle positivo. Para fazer isso, deve seguir sua própria consciência, ao invés de suas próprias tendências instintivas e biológicas. Dessa forma, não só evita comportamentos desadaptativos, mas interage com comportamentos e atitudes positivas, alcançando, assim, uma integridade saudável, caracterizada pela capacidade de amar e criar, com um sentido de identidade adequado à própria experiência e poder pessoal, comparando, de forma equilibrada, a realidade que está dentro de si com o mundo exterior, onde todos podem contribuir fecundamente para o crescimento de toda a ordem social.

Que indicações operacionais podemos apreender para o caminho de discernimento?

Quem está buscando uma vocação pode se livrar do risco da indiferença e do individualismo, que, às vezes, parece impregnar a sociedade? "A atitude dos indiferentes hoje em dia" – explicou o papa durante a celebração do Dia Mundial da Paz – "superou decididamente o âmbito individual para assumir uma dimensão global." A primeira forma de indiferença que se encontra é para com Deus, "da qual deriva também a indiferença para com o próximo e a criação. Trata-se de um dos graves efeitos dum falso humanismo e do materialismo prático, combinados com um pensamento relativista e niilista" (Francisco, 2016, n. 3).

Diante desse risco, como a pessoa consegue identificar os valores, descobrir o que há de positivo nos outros e no ambiente em que está inserida? São questões importantes, que nos permitem refletir sobre como a pessoa se abre para as perspectivas intencionais, que vão contra a corrente, porque se baseiam em uma forma diferente de responder aos desafios do mundo.

Por um dinamismo criativo na construção de uma personalidade "sana"

Outro aspecto importante a observar no processo de discernimento é a capacidade de estabelecer contato com o mundo exterior. No processo de crescimento, a pessoa se concentra no que acontece dentro de si mesma em relação ao mundo externo e, portanto, na forma como os componentes individuais e interpessoais são usados e organizados (processo), e não em como eles são estruturados e definidos (conteúdo), estimulando a responsabilização pelas próprias escolhas, em um dinamismo de contato e de crescimento. Com essa abordagem, a teoria da Gestalt enfatiza a capacidade de desenvolver as características de cada indivíduo, argumentando que todos podem ser livres de qualquer determinismo, não tanto porque superam as consequências de conflitos passados, mas sim porque são capazes, no presente, de liderar um vida significativa, estabelecendo o equilíbrio em seu organismo, em relação ao meio ambiente, e desenvolvendo seu potencial no pleno respeito aos direitos dos outros.

"A premissa básica da psicologia da Gestalt é que a natureza humana é organizada em partes, que é vivenciada pelo indivíduo nestes termos, e que só pode ser entendida como uma função das partes ou todos dos quais é feita" (Perls, 1977, p. 19). Em particular, a Gestalt avalia o organismo como uma unidade que opera como um sistema que tende a restabelecer continuamente seu equilíbrio por meio de um processo de homeostase e adaptação, com o qual tende a satisfazer suas necessidades fisiológicas e psicológicas, enfrentando, assim, a pressão interna e as demandas ambientais. Por meio desse processo, "o organismo mantém seu equilíbrio e, consequentemente, sua saúde, sob condições diversas. A homeostase é, portanto, o processo através do qual o organismo satisfaz suas necessidades. Uma vez que suas necessidades são muitas e cada necessidade perturba o equilíbrio, o processo homeostático perturba o tempo todo. Toda a vida é caracterizada pelo jogo contínuo de estabilidade e desequilíbrio no organismo" (ibid., p. 20).

Apesar das muitas situações que podem emergir da realidade cotidiana, o corpo se ajusta, tomando o rumo mais adequado para sua sobrevivência no aqui e agora da situação específica. A unidade e a plenitude são os objetivos da tendência à autorrealização individual e o resultado de uma consciência autêntica e de um contato genuíno com a realidade e com os outros, com o objetivo de se tornar o que alguém é e não o que idealmente pensa que possa ser. Portanto, o que regula a vida das pessoas e permite um funcionamento ótimo do organismo não é uma instância interna (por exemplo, a consciência), nem as normas ou expectativas sociais, mas é a autorregulação com a qual a pessoa toma consciência do momento, nas diferentes situações não resolvidas, e mobiliza seus recursos para integrá-las em uma perspectiva de integração global, a partir da experimentação atual de novas atitudes adquiridas da experiência cotidiana (Franta, 1982, p. 124).

O comportamento individual e a capacidade de fazer escolhas decorrem da forma como a interdependência das diferentes partes que formam a totalidade individual se organiza em relação à realidade, ou seja, a partir da interação organismo-ambiente. Por meio dessa interação, as tensões são reduzidas e é possível recriar o equilíbrio e completar situações suspensas ou inacabadas. A consciência de uma necessidade cria a distinção entre a figura e o fundo, assim como uma necessidade não satisfeita constitui algo incompleto que requer completamento.

O "contato" indica a atividade de consciência e processamento do organismo, que passa pela percepção, atenção, seleção e organização de estímulos internos e externos. Por meio da percepção, o organismo toma consciência da realidade em que vive e de suas Gestalts (por exemplo, ideias, necessidades, interesses) para se regular em cada momento de sua vida e poder assimilar ou rejeitar a realidade.

Esse contato não é algo estereotipado que serve para assimilar e preservar passivamente as experiências vividas, mas constitui a orientação e a consciência de oportunidades sempre novas, que exigem uma capacidade renovada de adaptação. Semelhante ao mastigar, o indivíduo, após estabelecer contato com o alimento, "mastiga", "engole" e "digere", assimilando experiências positivas em si mesmo e rejeitando parcial ou totalmente as experiências negativas. "Qualquer introjeção total ou parcial deve passar pelo moinho dos molares trituradores, para não se tornar ou continuar um corpo estranho – um fator perturbador isolado em nosso sistema" (Perls, 2002, p. 199).

Ao assimilar o que contata conscientemente, a pessoa cresce "nutrida" pelas novidades da experiência. É por isso que cada contato tem um caráter criativo e dinâmico. O contato é "a força vital do crescimento, o meio de mudar a si mesmo e a sua experiência de mundo. A mudança é um produto inevitável do contato, porque se apropria da novidade assimilável ou rejeita a não assimilável, o que levará inevitavelmente à mudança" (Perls, 1980).

Através do contato, a pessoa muda e transforma a realidade, mas também a sua própria identidade. É na fronteira de contato que o *self* forma sua identidade. O que realmente distingue o contato da confusão, da união gregária com a realidade externa, é o fato de que o contato ocorre na fronteira, onde as partes permanecem separadas, embora em proximidade mútua, onde a separação permite que o organismo e o meio ambiente não corram o risco de serem esmagados. "O *self* não se forma em alguma parte do organismo, mas se desenvolve na fronteira do contato entre organismo e meio ambiente. O *self*, a identidade, não é uma unidade estática do aspecto intrapsíquico da pessoa. Ao contrário, o homem não tem identidade; como sujeito-corpo atinge a identidade como um processo de maturação progressiva, por meio de sua percepção e atuação na interação organismo-ambiente no momento atual" (Franta, 1982, p. 126).

Por fim, para que o contato seja viável, é necessário cuidar das condições processuais que sustentam a pessoa em seu processo de crescimento e amadurecimento. No processo de amadurecimento, o contato torna-se realizável à medida que encontra apoio tanto no nível relacional quanto na própria pessoa. O apoio externo ocorre em interação com o campo objetivo de experiência, por exemplo, com incentivo, cuidado, ajuda, acompanhamento de outros. O suporte interno corresponde àquilo que a própria pessoa obtém para si, por meio de atitudes de autoconfiança e autossustento. Esse suporte externo e o interno facilitam e fortalecem a função de contato e, quando o corpo não o possui, sente ansiedade e fica na defensiva.

O crescimento da personalidade, de acordo com essa interpretação, não é dado pela consistência dos traços ou padrões individuais, mas pela integralidade dos processos pelos quais o sujeito interage com o mundo, o muda e o cria.

Que indicações operacionais podemos apreender para o caminho de discernimento?

Os indivíduos não passam por suas escolhas de vida, mas são agentes ativos capazes de autodeterminação na ação. De uma perspectiva preventiva, eles podem mudar e assumir a responsabilidade por suas mudanças. No seu caminho, a vocação não se impõe a Samuel (1Sm 2,12-4,1a) como um destino a cumprir; é uma proposta de amor, um envio missionário numa história de confiança mútua cotidiana.

Cada indivíduo deve estar ativamente envolvido em sua vida, ao invés de passar passivamente pelos eventos. No caminho vocacional, as pessoas participam de forma criativa na descoberta dos sinais de sua vocação. Assim, elas podem agir e reagir propositalmente nos acontecimentos de sua existência, principalmente se estiverem cientes de suas próprias necessidades e exigências, a fim de fazer escolhas adequadas à situação e ao momento em que se encontram.

Como o sujeito em discernimento é capaz de deixar fluir as suas necessidades e, ao mesmo tempo, dar-se a oportunidade de integrá-las com comportamentos criativos? Mas, acima de tudo, consegue ele entrar em contato com os estímulos que lhe são oferecidos ao longo do caminho de formação, ao mesmo tempo que fortalece seu processo de identificação e autonomia, passando, assim, do apoio externo ao autossustento preventivo?

Nestes tempos caracterizados pelas múltiplas diversidades (culturais, formativas, de idade...) com as quais as pessoas entram em contato, tanto na esfera da vida consagrada e sacerdotal como na social, que espaço ocupa a consciência de que todos têm igual dignidade na sua própria identidade distinta? E, então, quem está em formação está se preparando para reconhecer as diferenças como um recurso educacional, ao invés de um risco a ser defendido? Se se pensar no que está acontecendo atualmente na Igreja e na urgência de mudanças radicais, a coexistência de identidades tão heterogêneas (é só pensar nas diferentes culturas nas congregações religiosas) está literalmente transformando a fisionomia, não só das comunidades religiosas, mas da própria geografia eclesial.

Diante dessa realidade, não basta mais hipotetizar um nivelamento de conteúdo (na formação, nos carismas...), nem se consolar com as justificativas sociológicas (o velho continente descristianizado, a falta de filhos...), ou psicológicas (a fragilidade das novas gerações, desacostumadas às escolhas...), mas é preciso reconhecer que no contato com a diversidade surgem novas oportunidades que se abrem, pondo em curso uma experiência transformadora na qual a pessoa pode dar respostas orientativas em vista de objetivos importantes.

Avaliar a capacidade de comparação dos que estão em discernimento é muito importante para os processos de prevenção educativa: as diversidades não se integram apenas por reunir pessoas de diferentes contextos sociais, educacionais, culturais... supondo que a convivência é suficiente para se fundir, mas é uma longa jornada em que se aprende a cruzar as fronteiras da diversidade mútua, por meio das muitas experiências de contato. Somente quando a pessoa se mostra responsável pela possibilidade de entrar em contato com seus próprios limites e com a identidade do outro, poderá ampliar seus horizontes para compreender aquelas realidades espirituais que unem os indivíduos em sua escolha vocacional.

Os limites de uma visão educativa centrada no indivíduo

Para um discernimento atento a uma perspectiva de crescimento que saiba olhar para a frente, é necessário saber reconhecer e satisfazer as próprias necessidades, bem como apostar na construção do próprio ser através da promoção de experiências humanas significativas e equilibradas. Dessa forma, o indivíduo será capaz de satisfazer sua necessidade básica de autorrealização, ao mesmo tempo que fortalece o valor de sua pessoa e sua capacidade de fazer escolhas adequadas para se adaptar ao meio ambiente.

Ao mesmo tempo, é preciso reconhecer que, se nos limitarmos apenas à promoção humana, essa visão não estará isenta de riscos. Levar em conta apenas os elementos expressivos de si mesmo, sem considerar outros aspectos do próprio ser, pode levar à busca frenética de autorrealização para uso e consumo próprio. O risco dessa visão reside nas falsas expectativas que se criam, gerando contextos permissivos que garantam a satisfação de todas as necessidades, sem levar a sério uma educação para a autorregulação emocional, especificamente no que diz respeito às frustrações.

Por isso, a atenção ao indivíduo e às suas potencialidades, enfatizada pelos itinerários psicológicos apresentados neste capítulo, deve dar conta, também, de suas inconsistências e de seus condicionamentos, pois, somente zelando por seus limites, ele pode superar suas próprias necessidades pessoais, acessando aquela dimensão transcendente que o relaciona com a perspectiva intencional de sua existência. No discernimento vocacional, não basta focar na personalidade ideal ou na personalidade inteiramente funcional para favorecer uma vida plenamente realizada, se esse indivíduo não estiver integrado à consciência das fronteiras que delimitam sua própria finitude (Franta, 1982, p. 120). Só aprendendo a conviver é que será possível abrir-se àquele que dá sentido a um projeto de vida, que nos permite ir além de um bem-estar individual, em detrimento das aspirações mais profundas do ser humano.

Planilha para o discernimento: foco em alguns critérios psicológicos do crescimento humano

1. Quem está em processo de discernimento ou envolvido em um caminho de acompanhamento psicopedagógico deve saber administrar seu mundo intrapsíquico, em particular suas reações impulsivas, suas preocupações internas. Como?

   _____
   _____
   _____

2. No caminho de crescimento de uma pessoa, é necessário saber reconhecer suas "necessidades" e ter "experiências significativas" para aprender a distinguir o que ajuda ou atrapalha o caminho de crescimento. Quais são as vantagens e os fatores de risco dessa perspectiva educacional?

   _____
   _____
   _____

3. Agora, complete a seguinte frase: "Na minha vida, posso assimilar as experiências positivas e limitar as experiências negativas quando...".

   _____
   _____

VI — O CAMINHO DO DISCERNIMENTO: POR UMA HISTÓRIA GRADUAL E PROJETUAL

Referindo-nos ao discernimento como itinerário educativo, podemos dizer que a resposta vocacional não acontece repentinamente. O caminho vem de longe e é construído por meio da progressiva capacidade de integrar as etapas da vida, que gradativamente amadurecem. É uma longa caminhada, que se divide em fases, cada qual com uma finalidade, com um conteúdo específico e disposições que contribuem para o crescimento. Cada uma das fases, com sua peculiaridade, está inserida em um quadro unitário maior, que dá significado projetual a toda a existência. Ao mesmo tempo, oferece a oportunidade de apreender, na variedade dos acontecimentos, os aspectos valiosos a serem discernidos e integrados nas escolhas a serem feitas.

Além disso, esse é um caminho que não se realiza em compartimentos estanques, de acordo com as diferentes dimensões da personalidade (inteligência, afetividade, sexualidade etc.), mas, sim, que envolve as diferentes instâncias do ser humano, conjugadas a um planejamento de perspectiva única.

Quando nos referimos à abordagem evolutiva nas escolhas vocacionais, como a do presbítero ou da vida consagrada, o indivíduo é chamado a reconhecer, nos vários momentos em que cresce humanamente, aquela continuidade do processo de maturidade que dá perspectiva a toda a existência. Ao viver as experiências cotidianas, aprende a abrir os olhos da mente e do coração àquela juventude do Espírito que persiste no tempo, conectada à capacidade de cada um procurar e encontrar "em cada ciclo de vida uma tarefa diferente a cumprir, um modo específico de ser, servir e amar" (João Paulo II, 1996, n. 70).

O apelo à mudança de vida permanece no tempo, já que configura a intencionalidade do indivíduo, na medida em que ajusta a sua capacidade de acolher, em diferentes situações, valores que orientam e enriquecem. Além disso, dá-lhe força para discernir as dificuldades e saber administrá-las, na consciência de que cada momento de sua história é uma oportunidade de crescimento vocacional. O discernimento torna-se, assim, um exercício de saber "aprender ao longo de toda a sua vida, em cada idade e época, em cada ambiente e contexto humano, de cada pessoa e de cada cultura, para deixar-se instruir por qualquer fragmento de verdade e de beleza que encontrar ao seu redor" (Dicastério para os Institutos de Vida Consagrada e as Sociedades de Vida Apostólica, 2002, n. 15).

Essa liberdade de aprender com a vida qualifica a transição entre os diferentes momentos do desenvolvimento e envolve o indivíduo em tarefas evolutivas que definem o processo de mudança gradual, amadurecido de tempos em tempos. Esse processo caracteriza não só a consolidação da identidade, mas também a relação com o meio ambiente e, portanto, com outros, que sejam afetivamente significativos. Em outras palavras, ao longo do tempo, além da mudança na pessoa, ocorre também uma mudança que afeta o contexto relacional em que ela vive.

No discernimento vocacional, esse último ponto é particularmente relevante, se pensarmos no valor educativo e transformador da espiritualidade de comunhão, entendida como princípio educativo que precede todos os aspectos dos conteúdos da formação. Esse princípio se traduz não tanto em aprender as categorias sociais a que são úteis na experiência pastoral ou no serviço fraterno, mas é um critério de vida, que diz respeito à própria identidade do ministério e da consagração.

É um princípio que se manifesta nas relações já vividas em contextos sociais anteriores, em que o sujeito pôde vivenciar uma transformação pessoal e relacional, que o colocou em contato com a viabilidade de um processo de crescimento "vital", em face das diferentes crises evolutivas, apoiado por aquelas pessoas que são significativas em sua vida.

Um modelo de desenvolvimento: o eu e os outros

A abordagem evolutiva, que estamos destacando, sublinha a importância da continuidade do crescimento, em que o indivíduo é chamado a redescobrir as motivações profundas do seu desenvolvimento humano e espiritual. Esse itinerário educativo acompanha o amadurecimento vocacional, pois, nas diferentes fases, o indivíduo é continuamente chamado a transcender-se, a ir além de si mesmo, para chegar a uma plenitude que se integre com os vários objetivos já alcançados. A maturidade acontece em um quadro de harmonia vital, em que os diferentes componentes da vida humana são integrados de forma contínua e diversificada, de acordo com as competências adquiridas ao longo da história evolutiva de cada um.

Essa perspectiva é importante do ponto de vista da psicologia do discernimento, pois nos permite olhar a vida como uma sucessão harmoniosa e integrada de etapas, nas quais o indivíduo tem uma tarefa para cumprir, adquirindo, assim, diferentes habilidades, dentro de uma perspectiva unificadora para avançar no caminho evolutivo. Cada etapa não é autônoma, mas afeta as demais, conforme o grau de maturidade alcançado em determinado momento, em uma sucessão de provas evolutivas que convidam a pessoa a fazer escolhas adequadas para continuar seu caminho de crescimento, aderindo a uma vocação que é específica, assim como é específico o itinerário de amadurecimento que se desdobra.

"Esta concepção de desenvolvimento evidencia a inter-relação das diferentes necessidades humanas e a necessidade de favorecer um crescimento geral dos diferentes componentes da personalidade, se quisermos criar um homem integrado e harmonioso, precisamente porque cada parte ou componente tem influência sobre todos os outros" (Arto, 1990, p. 108).

Todo o processo visa à formação de uma identidade individual, que cresce e se fortalece progressivamente, superando a tarefa psicossocial típica de cada fase, preparando-a para enfrentar a fase seguinte.

Esses momentos de superação são fundamentais para o discernimento, pois evidenciam se a pessoa valoriza a tensão que surge em suas relações ou se regride a uma crise de desenvolvimento anterior, que influenciará o desenvolvimento posterior. As crises, quando resolvidas de forma positiva, fortalecem a identidade para construir relacionamentos adequados, para fazer escolhas que estejam em sintonia com uma perspectiva planejada da existência.

A existência de tendências, impulsos, desejos profundos, exige uma resposta motivadora para continuar rumo à maturidade vocacional do indivíduo. Se canalizadas, essas forças constituem a riqueza e o potencial para construir a vida de uma pessoa em interação com o ambiente circundante. O caráter evolutivo e formativo dessa tensão de mudança, mediada pela relação com o meio ambiente, varia de acordo com as trocas que o sujeito estabelece com os outros e com a forma como consegue potencializar os objetivos evolutivos, alcançados em precedência. Dessa forma, ele aprende, de acordo com sua própria história evolutiva, a superar as tarefas críticas de cada fase, mas também a otimizar os objetivos alcançados para definir sua própria identidade e capacidade de fazer escolhas. O que acontece graças aos aspectos sociais e interpessoais, amadurecidos ao longo do caminho.

Isso significa que cada etapa possui um "enfoque relacional" central, que caracteriza aquele período do desenvolvimento, pois em cada etapa existem variáveis socioculturais específicas que contribuem para o amadurecimento humano e vocacional, as quais podem marcar todo o processo de maturação. Na verdade, as diferentes relações estabelecidas favorecem a satisfação das necessidades vitais do indivíduo, ao proporcionar, mesmo que de forma imperceptível, os recursos psicoafetivos necessários ao seu desenvolvimento. "A formação permanente aparece como a transformação ininterrupta de necessidades invisíveis" (Griéger, 1985, p. 16).

A atenção aos impulsos educativos amadurecidos no espaço interpessoal é particularmente importante no discernimento, pois, quem busca um projeto de vida, já teve a oportunidade de valorizar essas potencialidades educativas, assim como terá aprendido a integrá-las em uma perspectiva de vida que ajuda a ir em frente a cada dia.

O trabalho de discernimento está vinculado a esse caminho de crescimento. A capacidade de tomar decisões responsáveis, em face da seriedade do chamado, bem como de expressar e comunicar adequadamente as suas necessidades, de avaliar de forma realista os seus limites e potencial, são características que as pessoas, em discernimento vocacional, amadureceram. Mas, não para por aí, o discernimento, assim como a maturidade humana, continua a se modificar no contexto relacional e institucional de um carisma onde se está formando.

Para alimentar tudo isso, é necessário um caminho de acompanhamento que não se centre apenas no conteúdo ou nas regras a serem preservadas ou transmitidas, às quais a pessoa deve se conformar passivamente, mas é necessária uma progressiva consciência das dinâmicas transformadoras que motivam a identidade profunda de cada um. A contribuição positiva do outro será fundamental para um desenvolvimento harmonioso da personalidade, pois as dimensões que contribuem para esclarecer a direção de um projeto comum emergirão fortalecidas do confronto, bem como as discrepâncias indicarão a autenticidade da resposta vocacional. A participação ativa de quem faz o discernimento no processo de decisão é indispensável para superar as dificuldades do caminho e avançar para novos horizontes de sentido vocacional.

Saber discernir nos diferentes estágios evolutivos

As dificuldades não resolvidas tornam-se um desafio para a pessoa, mas também uma oportunidade, para quem a acompanha no caminho de discernimento, de reativar um percurso que ajude a dar respostas adequadas para superar a crise. "O desenvolvimento é uma realidade contínua que exige uma resposta constante aos problemas que surgem. A não resolução de um problema no momento 'cronologicamente adequado' exige ainda mais força e coragem para resolvê-lo o mais rápido possível. O passar do tempo não deve servir de pretexto para o esquecimento de problemas não resolvidos, mas deve ser um motivo adicional que impulsiona a uma solução, para que o crescimento continue da melhor forma para atingir e superar as várias etapas evolutivas" (Arto, 1990, p. 108).

Com o passar dos anos, as tarefas que a pessoa enfrenta desafiam os objetivos já alcançados nas etapas anteriores. Cada vez, porém, o contexto relacional contribui de forma específica para o discernimento do indivíduo, colaborando construtivamente na identificação das respostas de sentido que sejam congruentes com a perspectiva maturacional que ele está vivenciando.

À medida que o sujeito evolui, vai adquirindo novas competências para fortalecer a construção da sua identidade, superando as várias crises que vão surgindo e lançando as bases para o desenvolvimento da etapa sucessiva. Cada etapa evolutiva é caracterizada por uma crise específica, que esse sujeito deve superar, através do desenvolvimento de diferentes habilidades que fortaleçam a construção de sua identidade e lhe permitam acessar a próxima fase evolutiva, lançando as bases para um desenvolvimento normal e saudável.

O fracasso ou a superação das tarefas de desenvolvimento de cada etapa dependerá do que o sujeito vivencia, pois cada etapa se constrói com base no que ele realizou em sua história passada, em vista de uma nova perspectiva de crescimento. O desenvolvimento, portanto, torna-se um *continuum* equilibrado, no qual os vários componentes que caracterizam a formação convergem e requerem respostas adaptativas adequadas.

Essa fisionomia do desenvolvimento, que vê as diferentes etapas entrelaçadas e interdependentes, obriga-nos a voltar a olhar para os fatos da vida como uma oportunidade de crescimento contínuo. A atenção aos fatores socioculturais, afetivos e relacionais, bem como individuais e intrapsíquicos, amplia as responsabilidades formativas e transformadoras, dispondo o sujeito não só a uma melhor consciência de sua própria capacidade de fazer escolhas significativas, mas também a se comparar e enriquecer-se com as relações construídas no caminho formativo. Se, por um lado, o principal responsável por cada escolha continua a ser a pessoa, por outro, a orientação intencional que dá sentido a todo o processo educativo envolve um trabalho a ser realizado em todos os momentos da vida e em sintonia com as outras pessoas significativas. A forma como o sujeito experimentou esse aspecto relacional de crescimento influenciará no seu discernimento e na sua capacidade de se deixar modelar na relação formativa com os outros, mas também no modo de avaliar os sinais do chamado.

História do desenvolvimento como história vocacional

A concepção orientativa do desenvolvimento, até agora destacada, permite-nos olhar para toda a existência como uma tarefa a se concretizar, aberta a um amadurecimento progressivo que visa à realização contínua, a partir da variabilidade dos acontecimentos que a pessoa encontra ao longo da vida (Baltes, 1987, p. 611).

Essa abordagem permite sublinhar que a formação vocacional do indivíduo não pode ser delegada a um determinado período da vida (encontros vocacionais, postulantado, noviciado, juniorato, votos perpétuos ou ordenação presbiteral), mas diz respeito a toda a existência, visto que lhe atribui a função de desenvolvimento, em um *continuum* orientado para os valores vocacionais da existência. Partindo dessa perspectiva, queremos agora destacar alguns aspectos que especificam essa continuidade evolutiva e planejada no modo de configurar a vida como desenvolvimento vocacional.

No centro, a pessoa e o seu potencial

O crescimento difere nas dimensões da personalidade, de acordo com as situações que o indivíduo vivencia em cada momento de sua vida. Na verdade, todos podem amadurecer os vários aspectos de sua individualidade de forma única e pessoal, com habilidades específicas, de acordo com sua história de desenvolvimento e as características psicológicas.

Na verdade, os métodos de desenvolvimento são diferentes e oferecem a todos uma oportunidade única e irrepetível. Cada um, portanto, vivencia o seu próprio crescimento, de forma pessoal, fruto de uma transformação contínua da sua individualidade e especificidade.

Isso nos leva a olhar com realismo para o processo de crescimento vocacional, que não deve ser entendido como uma simples realização de competências padronizadas com as quais um sujeito se mostra como um bom candidato, ou como um bom noviço ou um bom seminarista, mas como um trabalho de envolvimento e transformação contínua, em que esse sujeito é chamado não tanto a ficar à mercê do passado ou das situações que encontra no presente, mas a ser fiel à orientação e à perspectiva existencial de sua própria história.

O discernimento, assim entendido, coloca a pessoa no centro das suas potencialidades e talentos, sendo capaz de se transformar com o impacto das experiências difíceis, para redescobrir novas oportunidades de responder ao chamado de Deus, à medida que se abre para uma visão diferente da situação que enfrenta. Dessa forma, aprende a abraçar as novidades que surgem, mas também a integrar as dificuldades que encontra ao longo do seu percurso, dando um caráter projetual ao caminho vocacional.

Essa concepção evolutiva leva à descoberta de que a vida é muito mais do que uma sequência de eventos. Em cada fase do caminho de crescimento, há escolhas a serem feitas, sacrifícios a aceitar, novas conquistas a serem alcançadas; em tudo isso se vislumbra o caminho que avança para a meta de dizer "sim" ao chamado de Deus.

"O desenvolvimento, em qualquer momento da vida, é uma expressão conjunta de aspectos de crescimento e declínio. Supõe-se que cada progressão de desenvolvimento exibe novas habilidades adaptativas a cada momento, bem como a perda de habilidades anteriores. Nenhuma mudança no processo de desenvolvimento pode ser considerada somente como progresso" (ibid., p. 616).

Portanto, não basta otimizar o amadurecimento nos diversos componentes da personalidade, nem se sentir "pronto" com uma resposta vocacional padronizada, considerando-se bom por se adaptar às expectativas dos outros. "O desenvolvimento não é um simples processo de acumulação de competências e características; é, antes, a expressão de ambos os momentos, de crescimento (entendido como realização pessoal) e declínio (momentos de perda), em todos os períodos da vida" (Sugarman, 2003, p. 19-20).

Equilibrar os momentos de perda com os de conquista caracteriza a forma de ver os processos de crescimento vocacional, porque se, por um lado, nos leva a não focalizar a atenção apenas nos resultados ideais alcançados em momentos especiais da formação, por outro, permite que todo o ciclo da vida seja uma contínua reformulação de nós mesmos. Isso permite olhar para o futuro e realizar, com as potencialidades humanas, o projeto espiritual que Deus tem para todos.

Crises evolutivas e ambiente psicossocial

O amadurecimento, entendido como um processo contínuo de mudança, oferece a oportunidade de uma visão diferente da história evolutiva, pois permite situar os muitos acontecimentos da vida em um quadro unitário que dá um sentido planejado e vocacional à existência. Como já foi dito, o desenvolvimento não se limita apenas a alguns momentos particulares (por exemplo, a idade) ou a períodos especiais de formação (cursos de atualização, ano sabático, exercícios espirituais, acompanhamento vocacional etc.), mas é um processo contínuo, pois sempre há oportunidades de se formar e crescer.

Além disso, para amadurecer vocacionalmente, não basta ter atingido um nível ótimo nas diferentes dimensões da personalidade (inteligência, afetividade, sexualidade etc.), e, sim, é preciso aprender a integrar os diferentes aspectos psicoespirituais que torna cada um único e irrepetível.

Ademais, cada uma dessas etapas evidencia um núcleo evolutivo central do período particular do desenvolvimento, que será importante ter presente como chave formativa nos vários momentos de discernimento. Esse núcleo central está ligado às variáveis socioculturais que contribuem para o processo de amadurecimento. De fato, em cada fase existem pessoas (pais, amigos, formadores, diretor espiritual, comunidade...) que contribuem significativamente para a satisfação das necessidades psicoafetivas do indivíduo, proporcionando um suporte emocional que favorece a consolidação e o desenvolvimento harmonioso da personalidade.

Nas diferentes épocas da vida, existem tarefas e objetivos que cada um aprende a desempenhar, tendo em vista o crescimento. Todos nós passamos por estágios em que enfrentamos situações de crise, as quais aprendemos a superar utilizando habilidades que ajudaram a fortalecer nossa identidade e que nos permitem acessar as outras fases, lançando, assim, as bases para um *continuum* evolutivo ativo, construído ao longo do caminho do crescimento.

"O que chamei de identidade do ego, no entanto, diz respeito a algo mais do que o mero fato da existência; é antes a qualidade do ego desta existência. Identidade do ego é, portanto, em seu aspecto subjetivo, a consciência de que há uma continuidade nos métodos de síntese do ego, ou seja, o estilo da própria individualidade, e que esse estilo coincide com a identificação e continuidade de seu próprio significado para outras pessoas, que são importantes e contam no contexto circundante" (Erikson, 1987, p. 58).

Todo o processo de amadurecimento visa à formação de uma identidade que se fortaleça gradativamente com a ajuda de tantos "outros" que colaboraram (pais, educadores, catequistas, amigos...) no enfrentamento das crises e na superação das dificuldades. O percurso de acompanhamento faz parte desse processo educativo, pois é possível não somente verificar "como" alguém superou as várias crises evolutivas, mas, sobretudo, incentivar a utilização construtiva dos objetivos alcançados, com o contributo daqueles que participaram desse desenvolvimento.

O modo como o indivíduo enfrenta e resolve os momentos fundamentais do seu crescimento pode ser um indicador útil para quem o acompanha, não só para detectar como nessas circunstâncias utilizou os seus próprios recursos vitais, mas também para predizer como vai usá-los, quando tiver que se comprometer a dar uma resposta definitiva. Se ele aprendeu a usar as habilidades interpessoais, também será capaz de desenvolver um senso saudável de si mesmo e terá capacidade de fazer escolhas adequadas para sua vida mais tarde.

Nas páginas seguintes, apresentaremos essas dimensões ou núcleos centrais, que caracterizam as etapas evolutivas do crescimento da pessoa. No final de cada explicação, serão propostas algumas dicas que ajudarão a verificar o desenvolvimento vocacional. Se o indivíduo teve bloqueios em seu desenvolvimento, será importante destacá-los, para uma maior elaboração ao longo do caminho de formação. Isso será útil para entender como alguém conduziu as diferentes crises evolutivas, mas também para prevenir questões não resolvidas no passado, tendo em vista novas intervenções projetuais formativas.

Indicadores de crescimento nos estágios iniciais de desenvolvimento

Desde a infância, o indivíduo gerencia as diferentes situações que vivencia, entre o desejo de autonomia e a necessidade de depender de cuidados externos. À medida que aprende a ser autônomo, a necessidade do outro evoluirá para uma reciprocidade saudável com as pessoas importantes que encontrará em seu caminho. Assim, aprenderá a alargar os seus contatos, a regular as suas necessidades socioafetivas, tendo em conta os limites que a relação com os outros acarreta (ver tabela 1).

Os primeiros passos para a construção da identidade

Nos primeiros anos de crescimento, a criança obedece às leis internas de seu desenvolvimento e, ao mesmo tempo, amadurece habilidades que favorecem sua interação com os diversos cuidadores. "Segundo Erikson, nesta primeira fase, a tarefa psicossocial está ligada à conquista da confiança básica, em si e nos outros, em particular, dos pais; no entanto, quando a criança passa por condições malsucedidas, quando, por exemplo, não consegue obter o que precisa, ela sentirá uma sensação de desconfiança e insegurança interior. Os fatores que influenciam na resolução da tarefa evolutiva desta fase dependem de sua relação com o ambiente relacional que a rodeia. A confiança básica é condicionada pela presença e o cuidado da figura materna, que vai desde as expressões de amor afetuoso, até o contato físico, com o qual a criança garante sua presença e apoio" (Poli; Crea, 2009, p. 199).

A presença constante de quem pode atender às suas necessidades, com atitudes de preocupação e cuidado equilibrado, dá-lhes uma sensação de segurança e proteção.

> **Quais são as indicações para o caminho de discernimento?**
>
> Uma pergunta útil para quem faz discernimento é verificar se e como a pessoa confia no processo de acompanhamento. Essa constatação permite detectar como ela aprendeu a se deixar formar no decorrer de sua história educativa, contando com os outros, cultivando, dentro de si, um senso de segurança, quando está com pessoas emocionalmente significativas. Ou se tende a duvidar, temer, suspeitar, isto é, se se fecha num sentimento de desconfiança em relação ao mundo exterior e, consequentemente, a si mesma. Essas indicações podem ser vistas no modo como acolhe os estímulos que o formador oferece, ou no modo de tecer relações no interior de um grupo vocacional: a sua presença nutre um clima de confiança? Ou fomenta um sentimento de competição e desconfiança mútua?

No segundo ano de vida, a criança desenvolve certo controle muscular, com o qual pode explorar o ambiente que a cerca e alcançar uma autonomia progressiva em suas funções fisiológicas. Porém, se não conseguir superar essa tarefa crítica, perceberá um sentimento de inadequação e baixa autoestima, que pode levá-la a duvidar e a se envergonhar dos fracassos vivenciados.

Dos dois aos três anos, ela terá que aprender a se adaptar à realidade externa, tolerando as várias frustrações que vão surgindo: terá que aceitar as limitações do desmame, aprender a se manter limpa, reconhecer que a mãe não pertence apenas a ela. Isso a ajudará a superar o egocentrismo natural, típico dessa época, e a se regular diante das novas tarefas evolutivas que a aguardam.

> **Quais são as indicações para o caminho de discernimento?**
>
> Também, nesse caso, o trabalho de discernimento torna-se precioso para revelar como a pessoa valorizou esses núcleos de crescimento: como superou os momentos de crise e chegou a uma melhor autonomia funcional? É capaz de fazer escolhas que fortaleçam um espírito adequado de iniciativa assertiva e proativa, ou, pelo contrário, se deixa levar por algum sentimento de culpa, que alimenta a insegurança pessoal, cada vez que tem de fazer escolhas definitivas.

Por volta dos três anos de idade, a criança reconhece a importância de outras pessoas além dela, e é levada a estabelecer um novo relacionamento com seus pais. É o período fálico, no qual ela deve provar-se, estabelecer os requisitos necessários para tomar iniciativa e se comportar de acordo com sua identidade de gênero, superando a crise edipiana típica dessa época. Se ela não conseguir passar por essa tarefa crítica, desenvolverá um sentimento de culpa que a levará a duvidar de suas habilidades e a se retrair em si mesma, para se defender de um ambiente que considera frustrante e pouco confiável.

No período, a partir dos cinco anos, ela se abrirá a novas vivências sociais na escola e no contexto dos pares, empenhando-se para obter reconhecimento e admiração, aprovação e carinho, componentes muito importantes para o fortalecimento da autoestima. Se não conseguir fazer isso, corre o risco de ficar presa a um sentimento duradouro de inferioridade, o que a fará sentir-se inadequada em comparação com os outros. Se, por outro lado, conseguir superar essa crise evolutiva, irá sentir-se mais estável em sua identidade em construção, mas também mais pronta para enfrentar o período posterior da adolescência, um momento de elaboração e definição de sua identidade.

> **Quais são as indicações para o caminho de discernimento?**
>
> "Autonomia", "espírito de iniciativa" e "laboriosidade" são núcleos educativos muito importantes no discernimento. Na verdade, são aspectos que podem evidenciar como o sujeito aprendeu a se responsabilizar pelas próprias escolhas, mas também pelos fracassos, ao perceber que tomou decisões erradas. Também nesse caso, no trabalho de discernimento, é importante notar como ele tem conseguido ultrapassar essas crises evolutivas em vista de maior autonomia funcional, mas também em vista de uma capacidade de decisão mais clara, consistente com uma postura assertiva e espírito proativo de iniciativa. Ou, ao contrário, se, confrontado com os momentos de liberdade existencial, ainda se deixa levar por sentimentos de culpa que alimentam uma insegurança pessoal, cada vez que tem que definir o que quer fazer da vida, trazendo de volta às incertezas que já o caracterizaram quando teve um envolvimento de longo prazo nas escolhas importantes para a vida.

Tabela 1: Os oito estágios do desenvolvimento psicossocial de Erikson				
Estágios	Crise psicossocial	Raio de relações significativas	Modalidade psicossocial	Resultado favorável
I. Primeiro ano	Confiança e desconfiança	A mãe	Receber e restituir	Energia e esperança
II. Segundo ano	Autonomia, dúvida e vergonha	Os pais	Segurar e deixar	Autocontrole e força de vontade
III. Dos três aos cinco anos	Espírito de iniciativa e sentido de culpa	O núcleo familiar	Fazer (repetindo), fazer como se fosse (jogo)	Orientação e firmeza de objetivo
IV. Do sexto ano ao início da puberdade	Produtividade e sensação de inferioridade	Vizinhos, escola	Fazer algo (competição), fazer algo (juntos)	Método e competência
V. Adolescência	Identidade e recusa: dispersão da identidade	Grupos de pares e grupos externos: modelos de liderança	Ser a si mesmo (não ser), participar (permanecendo em si mesmo)	Devoção e fidelidade
VI. Primeira idade adulta	Intimidade e solidariedade; isolamento	Parceiros na amizade, no sexo, na competição, na cooperação	Perder e encontrar a si mesmo em um outro	Afiliação e amor
VII. Juventude e média idade adulta	Generatividade e estagnação como uma dobradura do ego	Divisão de trabalho e participação na vida familiar	Criar e cuidar de...	Produtividade e cuidado
VIII. Plena maturidade	Integridade do ego e desespero	Humanidade e unidade	Ser por enfrentar o não-ser	Renúncia e sabedoria

Maturação e identidade na adolescência

Posteriormente, na adolescência, o sujeito entra em uma fase de formação essencial para a definição de sua identidade. Nessa fase, o processo de maturação é caracterizado por maior consciência de si mesmo e das suas características, mas também por um forte desejo de relacionalidade, ora idealizado, ora vivenciado de forma conflituosa.

Nesse tempo, o adolescente experimenta fortes contrastes interiores: por um lado, tende a exaltar-se, ao perceber-se no centro das próprias experiências, com grande necessidade de afeto e com pouca disponibilidade para as necessidades dos outros; por outro lado, ele começa a considerar as próprias experiências passadas e as situações que vive no presente como partes integrantes de si mesmo, experimentando uma sensação de continuidade em sua própria existência.

Com efeito, a tarefa fundamental dessa etapa consiste precisamente em integrar esses elementos aparentemente contraditórios, fazendo-os convergir num projeto de vida, ainda que confinado à experiência atual, para o qual podem convergir as energias e os entusiasmos próprios dessa fase.

Se o adolescente resolveu positivamente as crises anteriores (ser confiante, autônomo, capaz de decidir, ser proativo etc.), poderá consolidar sua identidade pessoal e se sentir adequado nas experiências que vive. Ao contrário, a sensação de fracasso pode levá-lo a uma identidade confusa, sem autoestima e incapaz de cumprir claramente seus papéis psicossociais.

"Se o adolescente superar essa tensão entre identidade e confusão, poderá ser fiel a si mesmo e aos outros, mantendo-se constante em seus compromissos, apesar da influência de vários condicionamentos externos ou sistemas de valores incompatíveis com os seus" (Poli; Crea, 2009, p. 202). Poderá, então, abrir-se a um futuro projeto vocacional, que inclua uma afetividade orientada para uma perspectiva de sentido e, portanto, capaz de se dirigir às opções do desenvolvimento vocacional da existência.

> **Quais são as indicações para o caminho de discernimento?**
>
> Ainda que a época da adolescência possa parecer distante para quem se encontra em um caminho de discernimento, é importante observar como se aprendeu a canalizar os inúmeros desejos ou atitudes críticas da adolescência, para fazer escolhas decisivas, com as quais se identificam, de maneira realista e contínua. Ou, ao contrário, se a pessoa tende a desperdiçar esforços em querer muitas coisas... sem, no entanto, orientar-se efetivamente para uma única perspectiva que dê sentido ao que deseja alcançar. Muitas vezes, ouvimos dizer que as novas vocações parecem muito frágeis: há pessoas que não conseguem decidir, são inseguras, não sabem realmente o que querem.
>
> Para quem trabalha no discernimento, seria muito importante comparar essas fragilidades, para verificar se os processos volitivos (ou, mais comumente, a força de vontade) de quem está em formação se traduzem em habilidades concretas de tomada de decisão, ou se, ao contrário, se perdem nas fracas motivações internas. Se a história da pessoa está repleta de desejos irrealistas ou atitudes flutuantes, o formador pode verificar se é uma dispersão de identidade que, com o tempo, pode se tornar uma incapacidade de distinguir o que ela pode e realmente deseja alcançar.

Indicadores de crescimento nas escolhas feitas na vida

Depois desta breve revisão das primeiras etapas do crescimento, em que foram destacadas algumas dimensões importantes que marcam a passagem de uma etapa a outra, examinemos agora as etapas da vida em que a pessoa é mais sensível às questões relativas à vocação.

Discernimento pós-adolescente: primeira juventude

No desenvolvimento evolutivo do crescimento humano, após as incertezas da adolescência, o jovem se depara com o início da vida adulta, onde passa a vivenciar sua própria identidade construindo relações duradouras e íntimas com os outros, sem medo de perder o que já conquistou.

"A intimidade desse estágio consiste na capacidade de se engajar em objetivos relacionais concretos, que muitas vezes requerem sacrifícios e compromissos significativos. A antítese psicossocial da intimidade é o isolamento, que envolve o medo de se separar e não ser reconhecido pelo outro, despertando, assim, um conflito de identidade que já existia na fase anterior" (Poli; Crea, 2009, p. 203).

Nessa fase, o indivíduo precisa se sentir consolidado em seu valor pessoal. Para isso, é essencial que ele seja capaz de harmonizar os diferentes componentes de si mesmo, bem como de estabelecer relações saudáveis de intimidade e levar a cabo os compromissos da vida (na escola, no trabalho, no nível profissional...), em harmonia com os seus interesses básicos. De fato, a resolução do contraste entre a intimidade e o isolamento lhe permitirá não só crescer na relação com os outros, consolidando a sua capacidade de amar, mas também a se sentir motivado a escolher de forma mais decisiva um projeto de vida que o envolva de forma específica e contínua.

No entanto, os jovens de hoje nem sempre atingem esse nível de maturidade; ou, pelo menos, testemunhamos frequentemente um atraso nessa capacidade de desenvolvimento. Em termos psicológicos, parece que a fase da adolescência se estende até os primeiros anos da juventude, então acontece que a idade adulta continua sendo uma meta que eles sentem que ainda não alcançaram.

Ao mesmo tempo, é um período em que o sujeito explora algumas áreas que ainda são específicas de sua identidade, como relações afetivas, primeiras escolhas de carreira, visão de mundo (Arnett, 2000), áreas que certamente podem ser objeto de discernimento. As mudanças desse período evidenciam uma personalidade em processo de formação, que requer atenção educativa muito especial, justamente naqueles aspectos em que o indivíduo oscila entre a pluralidade de oportunidades e o desejo de se identificar com algo ou alguém em específico.

Embora entre tantas hesitações, a pessoa nutre um desejo de orientação, que pode dar um ponto de inflexão em seu processo de crescimento. "Se esta etapa é administrada bem, obtém a virtude da 'fidelidade' ou a capacidade de viver de acordo com os ideais da sociedade, apesar de suas limitações, suas imperfeições, suas fraquezas. Essa fidelidade não é a aceitação cega das coisas como elas são, mas o amor que se esforça para melhorá-las. Os valores sociais que norteiam a identidade colocam o jovem diante de ideologias" (Fernandez-Maros, 2005, p. 24) e o impulsionam a se dedicar a alguém ou algo em que acredita.

Quais são as indicações para o caminho de discernimento?

Este primeiro período de vida adulta é muito importante no processo educativo, precisamente porque o jovem já vem com escolhas vividas (nas relações afetivas, na universidade, em optar por um trabalho e não por outro, no voluntariado, na paróquia) que lhe permitem entrar em intimidade com pessoas e situações, experimentando uma reciprocidade afetiva que tem sido um suporte para sua identidade na formação. Se essas experiências lhe possibilitaram amar e ser amado, ele poderá continuar a fortalecer essa dinâmica afetiva também no processo vocacional. Caso contrário, os sinais de fracasso ou frustração serão muito evidentes, sempre que tender a se isolar em um individualismo autorreferencial, talvez porque esteja decepcionado com as escolhas feitas no passado, ou com as relações interpessoais não resolvidas adequadamente.

No discernimento, poderá continuar o caminho do crescimento afetivo, experimentando criativamente atividades, relações, projetos, pastorais, mas também equilibrando o seu "querer fazer pelos outros" com o crescimento humano, desenvolvendo ideais saudáveis e alcançáveis. Observar

> a capacidade de autorregulação do jovem nessas situações é muito útil, pois ajuda a verificar como ele consegue canalizar sua carga emocional para um projeto que vai além dos próprios interesses e de necessidades autogratificantes. É um momento particularmente importante para o investimento emocional da pessoa, mas também para o senso de responsabilidade em relação às escolhas que ela faz. Esse processo, se interceptado, poderá educar a capacidade de decidir por algo, por um ideal, por um carisma específico, abrindo-se para um horizonte de significados e valores pelos quais se apaixonar, capaz de dar sentido e direção à vida.

Adultos, mas não o suficiente para uma escolha vocacional

A formação para as relações saudáveis e enriquecedoras lança as bases para a próxima fase, a da meia-idade, caracterizada pela generatividade e pela capacidade de produzir e criar vida, tanto pela sexualidade como pelas diferentes atividades que a pessoa desenvolve no âmbito do projeto de vida.

A idade adulta é caracterizada por um grau de maturidade psicológica e social que permite ao sujeito enfrentar a vida com independência, aceitar compromissos e tomar decisões com sentido de responsabilidade, enfrentar as provações e dificuldades de forma construtiva, viver um amor oblativo pelas pessoas a quem dedica a sua vida e a sua consagração.

A generatividade absorve em si as características de procriação, produtividade e criatividade e, portanto, implica a capacidade de gerar filhos, bem como de conceber novas iniciativas e novas ideias. Ao mesmo tempo, além de gerar, o adulto cuida do que foi gerado, dos filhos que crescem, do avanço da carreira de trabalho. Ou, no caso da vida sacerdotal e religiosa, de um projeto pastoral, de um compromisso de trabalho, de vida comunitária, da própria missão da Igreja.

Se a pessoa não "produz" de forma construtiva, não é capaz de ser "extrovertida", e corre o risco de manter as próprias energias vitais em estado de estagnação, em que a satisfação pessoal, a preocupação exclusiva e excessiva com a autoimagem, os diferentes interesses egocêntricos prevalecem sobre o desejo de cuidar dos outros e de tudo o que construiu em sua própria vida.

Nesse caso, a estagnação assume a face de um retraimento narcísico, que tende a uniformizar as propostas externamente e não permite o diálogo ou o confronto. "A operação de nivelamento motivacional é perigosa em todos os lugares, porque o homem unidimensional não trabalha bem em lugar nenhum e, acima de tudo, ele não é feliz" (Bruni, 2015, p. 38). Certamente muitos exemplos poderiam ser citados, especialmente de padres e religiosos que perderam a motivação vocacional. Nesses casos, a estagnação antecipa a velhice: é o caso daquelas pessoas que, para não sentirem a dor da desilusão, se refugiam num mundo de lamento pelas tantas oportunidades perdidas.

Recuperar o aspecto motivacional da idade adulta torna-se urgente com o passar dos anos, e só é possível através de um saudável enfrentamento da realidade, tendo uma experiência genuína de apoio mútuo e encorajamento com aqueles que compartilham um mesmo projeto de vida. A esse respeito, as palavras do Papa Francisco aos sacerdotes romanos são úteis: "quando se sente o cansaço da vida, especialmente na meia-idade, procurar um bom pai espiritual, um idoso 'inteligente' que vos possa acompanhar. Nunca se isole, nunca! O profundo sentimento de comunhão só ocorre quando, pessoalmente, tomo consciência do 'nós' que sou, fui e serei. Do contrário, os outros problemas se propagam: do isolamento, de uma comunidade sem comunhão, nasce a competição e certamente não a cooperação; surge o desejo de reconhecimento e não a alegria de uma santidade compartilhada; a pessoa se relaciona tanto para se comparar quanto para se apoiar" (Francisco, 2020).

Portanto, se, por um lado, é importante gerar coisas novas, por outro, é necessário que a pessoa seja confirmada e reconhecida pelo contexto relacional e comunitário ao qual pertence. Recuperar o sentido de "fazer juntos" permite-nos partilhar a responsabilidade individual e ajuda a reconhecer, na missão, uma perspectiva regenerativa comum que nos impulsiona a não olhar para o futuro sozinhos, mas com aqueles que fazem parte da mesma família.

> *Quais são as indicações para o caminho de discernimento?*
>
> Mesmo quem já fez uma opção vocacional ou participa de um percurso vocacional tem uma capacidade geradora que o impulsiona a dar frutos nas várias áreas em que está inserido, assumindo cada vez mais um caráter de entrega gratuita de si mesmo. Ao gerar coisas novas, apoia o seu crescimento, pois não só cuida delas, mas permite que os outros aumentem o seu desenvolvimento autônomo e criativo. Na verdade, a generatividade não se detém apenas na reprodução de novidades e projetos (de pastoral, de voluntariado, de espiritualidade...), mas promove o crescimento e a autodeterminação do que se concebe, caso contrário, há o perigo de se transformar numa produtividade narcísica, um fim em si mesmo, ou em um ativismo estéril e estagnado. O clericalismo, que ameaça tantas congregações, dioceses e projetos pastorais, é disso testemunho.
>
> Discernir a capacidade geradora de quem está em caminho vocacional significa atentar-se para algumas especificidades dessa fase, que poderíamos resumir da seguinte forma:
>
> • *Generatividade criativa:* é a capacidade de quem se envolve criativamente nas atividades com que entra em contato, impulsionado por uma afetividade pró-positiva que se abre ao diálogo com as diferentes realidades carismáticas. É importante discernir esse aspecto, reconhecer como a pessoa desenvolveu a capacidade de ir além nas situações que enfrenta, mesmo que não veja de imediato os frutos do seu trabalho. Ou quando fica paralisada em uma atitude de lamentação contínua, chorando consigo mesma por seus próprios fracassos e pelos fracassos dos outros.

- **Generatividade responsável:** é a capacidade de cuidar do que se gerou, responsabilizando-se por isso com atenção cognitiva (conhecer as necessidades dos outros, identificar os recursos necessários para satisfazê-los e para que os outros possam fazer o mesmo...), mas também com uma participação afetiva, para que o amor que o sujeito tem pelo trabalho, pelo serviço, pelo carisma, se concretize, na prática, com uma saudável regulação emocional.
- **Generatividade flexível:** é a capacidade de deixar crescer o que se gerou. Esse é um ponto particularmente importante para quem faz discernimento ou está em processo formativo, porque indica que o aspecto gerativo não é unilateral, não é um fato mecânico ou autorreferencial. Ou seja, a pessoa deve aprender a não se enrijecer nos projetos, e, sim, saber adotar uma "flexibilidade adaptativa" nas suas relações com o trabalho, com o papel que ocupa, com os entes queridos, com a pastoral, com os colaboradores, com o dinheiro, com o sucesso etc.
- **Generatividade de perspectiva:** é a capacidade de não perceber este ou aquele projeto como um bem pessoal, mas saber separar-se das coisas no momento certo, sabendo recomeçar a cada vez, voltando a atenção para a perspectiva que motiva o ocupar-se em diferentes atividades. Ou seja, o adulto é aquele que reconhece que não chegou, mas sabe retomar o caminho com uma atitude proativa, partindo das motivações da própria interioridade. Isso implica que ele saiba cuidar de si mesmo, no qual também a dimensão espiritual tem um caráter adulto, capaz de pedir, mas também de doar com confiança, responsabilizando-se pela própria autotranscendência (Sanagiotto & Pacciolla, 2022).

Gerenciando a sensação de decepção na crise da meia-idade

O período da idade adulta é uma fase muito especial porque marca a passagem para a plena maturidade e, posteriormente, para a velhice. É também o momento de confronto com acontecimentos particularmente estressantes (a morte dos entes queridos, frustrações no trabalho, incompreensões interpessoais, a decepção de não ser capaz de realizar o que se acreditava...), que testam a capacidade de adaptação. "Mudança de atividade, saída do ambiente habitual, separações matrimoniais, crises nervosas, distúrbios psicossomáticos de vários tipos: são os sinais de uma crise que não foi superada no meio da vida" (Grün, 2008, p. 8). O perigo mais traiçoeiro dessa fase é que o indivíduo pode se sentir desmotivado pelo trabalho e pelas escolhas feitas, mas, sobretudo, decepcionado pelo sentido e a qualidade de seus relacionamentos.

Assim, corre o risco de se entrincheirar numa busca frenética dos próprios interesses, preocupado com a sua própria imagem, com o que os outros dirão, com a própria realização pessoal. "Na crise da meia-idade não se trata apenas de uma nova adaptação da pessoa às novas condições físicas e mentais; não se trata, nem mesmo, de encontrar uma solução para a falta de forças físicas e espirituais, ou organizar os novos desejos e saudades que muitas vezes irrompem nesta mudança da vida. Em vez disso, é uma crise existencial mais profunda, na qual se coloca a questão sobre o significado global do próprio ser" (ibid., pp. 9-10). De fato, se desaparecer o motivo de sustentação que conduziu o sujeito até aquele momento, ele pode diminuir o investimento construtivo, até abandonar a escolha feita em anos anteriores.

O perigo é grande, quando não se consegue mais integrar as expectativas do passado com a realidade atual: é então que se desmorona a ilusão de uma autoimagem fortemente idealizada, que parecia não ter necessidade de lidar com nada nem com ninguém.

O discernimento, nesses momentos de crise, diz respeito, justamente, à gestão da decepção, quando a pessoa se dá conta de que nenhuma realidade histórica pode corresponder ao ideal. "Uma decepção mal administrada, que produz dois cenários possíveis, ambos muito perigosos: (a) a redução do ideal à realidade, (b) a interpretação ideológica da realidade para fazê-la coincidir com a situação que a pessoa vive" (Bruni, 2015, p. 73).

O risco de se ficar preso nas engrenagens de tais cenários estagnantes requer muita atenção, mas também grande determinação no processo de discernimento formativo. Portanto, torna-se útil fazer perguntas, tais como: como a pessoa conseguiu enfrentar as decepções da crise da meia-idade? Como consegue se renovar, mesmo diante dos momentos de frustração? Como se torna disponível para novos estilos de vida?

As pessoas que estão presas a um estilo de vida superficial ou que tiveram relacionamentos decepcionantes podem ter endurecido o coração e se concentrado nas próprias necessidades, em vez de se sacrificar e se dedicar sinceramente aos outros. A jornada educativa dessa época exige do sujeito uma capacidade renovada de tomada de decisão, e não uma sensação de desorientação, acomodada por falsas ilusões ou fantasias espiritualizantes.

Se o indivíduo consegue superar os impasses da meia-idade sem ser oprimido, poderá, por um lado, redescobrir o sentido existencial do que conquistou até aquele momento e, por outro lado, desenvolver novas perspectivas que o ajudem a olhar adiante, acompanhado daqueles que caminham com ele, dando um sentido de desenvolvimento a todo o processo de crescimento. Assim, poderá acolher as novas demandas que o aguardam na evolução existencial.

O discernimento na velhice

Mesmo na velhice, a pessoa continua a responder ao chamado de Deus. Apesar do corpo enfraquecido, das energias físicas que diminuem, das faculdades intelectuais que se debilitam, da capacidade de trabalho que se reduz, o idoso mantém o desejo de responder ao chamado vocacional que caracterizou toda a sua vida. Pensar na vida passada como uma história a ser contada às novas gerações é uma oportunidade de crescimento que predispõe a integrar os acontecimentos do passado com um sentimento de realização pessoal.

Se o religioso/padre conseguiu integrar as experiências vividas, em um quadro unitário que deu sentido a toda a existência, ele continuará o processo de amadurecimento, valorizando o tempo da velhice. Com a memória viva do que construiu, pode agora se abrir para as novidades que a vida ainda lhe oferece, redescobrindo o sentido dos acontecimentos, mesmo agora que está ciente dos limites psicofísicos que o esperam. Ainda assim poderá exprimir as potencialidades de que dispõe na sua condição de idoso, consciente de ser "chamado mais do que nunca a cumprir a sua vocação e missão eclesial generosamente. [...] pelo valor apostólico de sua existência, que amplia sua eficácia ao compartilhar o mistério pascal" (Goya, 2002, p. 42).

O lado negativo dessa fase pode surgir, se o indivíduo não foi capaz de viver harmoniosamente suas experiências anteriores. Quando chegar à terceira idade, terá dificuldade em aceitar a condição de decadência a que se sente irremediavelmente submetido e voltará a um estado de desconfiança e desespero, bloqueado pelo medo de se sentir inútil e improdutivo. Ele terá a sensação de ter perdido a própria existência e se sentirá resignado a aceitar passivamente o declínio inevitável do corpo e do espírito, um sinal evidente do fim que se aproxima (Erikson, 1976).

Esse aspecto do "desespero existencial", que por vezes pode assumir os traços de uma verdadeira patologia depressiva, torna-se particularmente problemático e atual no contexto das congregações religiosas ou na atividade pastoral dos presbíteros. É a época em que surge a tentação de uma "visão pessimista" da vida e da vocação, na qual os limites das capacidades psicofísicas se tornam particularmente pesados para o indivíduo, mas também para o contexto comunitário a que pertence. É o momento em que a pessoa acentua as inseguranças do seu próprio futuro ("quem vai cuidar de mim?"), em que as soluções de saúde adotadas, embora baseadas na máxima eficiência da enfermagem, parecem não ser suficientes para atender a necessidade de ser ouvido, de contar tudo aquilo que gostaria, se houvesse alguém disposto a ouvir. Em muitas comunidades religiosas, surgem os conflitos geracionais que minam as esperanças das novas gerações.

Também nessa fase será importante verificar como a pessoa conseguiu satisfazer essa necessidade, desenvolvendo aquela capacidade "narrativa" que já se refletiu no seu meio com as pessoas mais próximas. Quem conseguiu integrar os diferentes acontecimentos da vida será capaz de equilibrar a tendência ao desengajamento, típica dessa fase de declínio fisiológico, com um nível adequado de envolvimento que potencia os recursos em continuidade com as experiências de vida realizadas, reavaliando as oportunidades a que tem acesso, identificando os interesses que podem surgir mesmo na velhice. Esse equilíbrio entre passado, presente e futuro lhe permitirá relacionar-se com aqueles que fazem parte do contexto ao qual pertence, especialmente com os que se encontram no início do caminho formativo; os jovens precisam de testemunhos de vida e, nesse sentido, os idosos têm muito a ensinar.

Se, por outro lado, o indivíduo não atingiu um nível adequado de integração de suas histórias passadas e de suas fases anteriores, será muito difícil para ele se sentir adequado, especialmente quando percebe que não pode mais fazer as mesmas coisas que antes. Certamente, será difícil encontrar um ambiente que o prepare para o declínio de sua existência. Também terá dificuldade em encontrar quem o ouça ou cuide de suas doenças. Ele mesmo se sentirá um peso, se sentirá "diferente", inadequado, não autossuficiente. Incapaz de tolerar o que está acontecendo com ele à medida que envelhece, refugiar-se-á na memória amarga dos tempos passados, a única atividade em que encontra abrigo contra a angústia do tempo, que parece passar rápido demais. Esse "desligamento" das coisas e das atividades só vai enfatizar aqueles aspectos que confirmam seu "status" de idoso, definido exclusivamente pelos limites a que se sente submetido. Nesse ponto, a terceira idade torna-se um momento de marginalização, que acentua a sensação de inutilidade e frustração existencial da pessoa.

Num trabalho de discernimento e de formação permanente, será importante que a pessoa consiga conciliar o "desligamento" da vida – porque já está em declínio – com o envolvimento naqueles serviços que possam dar continuidade ao seu desenvolvimento. Embora haja muitas coisas que não pode mais fazer, ainda é capaz de usar as energias de que dispõe para serviços que lhe permitam aprimorar suas habilidades de escuta, paciência e sabedoria, que são típicas da velhice. É nos pequenos acontecimentos do cotidiano que o idoso pode aproveitar suas experiências passadas, ainda válidas e úteis para as novas gerações.

Aspectos psicológicos do discernimento vocacional

Planilha para o discernimento: enfoque nas fases de crescimento vocacional

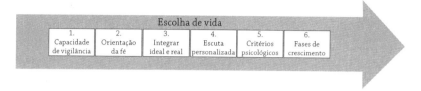

Siga as indicações a abaixo.

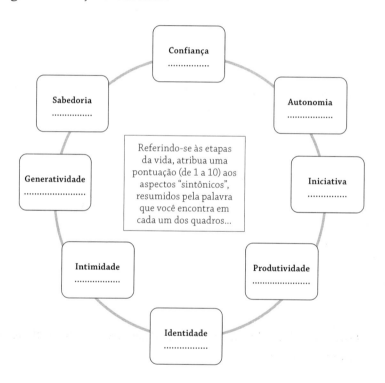

Responda brevemente às seguintes perguntas:

1. Descreva-se brevemente.
___
___
___

2. Neste momento da sua vida, no que você realmente acredita?
___
___
___

3. O que você dizia e no que acreditava, quando era adolescente?
___
___
___

4. O que você dizia e no que acreditava, quando começou a ir à escola?
___
___
___

5. O que você fará daqui a cinco anos, se a sua vida continuar como está agora?
___
___
___

VII | Personalidade, mudança e discernimento

Vimos que as diferentes dimensões que se consolidaram nas várias fases/crises evolutivas, enfrentadas ao longo do crescimento humano, contribuem para o desenvolvimento. Um crescimento que, como enfatizamos, não é apenas psicofisiológico, mas também intencional e prospectivo. Discernir como a pessoa aproveita os aspectos sintônicos amadurecidos nas diferentes fases de crescimento é fundamental, não só para indicar se ela pode entrar ou não na vida religiosa ou no seminário diocesano, mas também para inserir esses indicadores em um projeto formativo personalizado.

Depois de ter destacado os aspectos evolutivos, é importante que o acompanhamento para o discernimento vocacional coloque no centro da atenção os valores da pessoa e, sobretudo, como ela aprendeu a ser o que é, através das escolhas feitas ao longo da sua história vocacional. É como se nos perguntássemos: "como nos tornamos quem somos?" (McAdams, 2019, p. 3). É justamente com essa "bagagem", amadurecida ao longo dos anos do crescimento evolutivo, tecidos com os fios de um projeto de vida, algumas vezes claros, outras vezes incompreensíveis, porém, ainda presentes ao longo da trajetória de busca, que o sujeito continua a ser protagonista.

A atividade de discernimento tem sentido, quando se insere plenamente dentro desse processo exploratório que nós chamamos história de vida; tudo isso, a partir de uma concepção de personalidade voltada para aquele que dá sentido à existência.

Nas páginas seguintes, queremos nos concentrar em como alguns elementos da estrutura da personalidade ajudam nesse processo de crescimento orientativo e projetual. É uma atenção voltada aos recursos do indivíduo e ao seu modo de estar com os outros para responder ao chamado vocacional, mas também para reformular aqueles aspectos de si mesmo que se revelem disfuncionais em relação aos objetivos psicoeducativos que são indicados no percurso formativo. Do ponto de vista pedagógico, é um método de observação que poderíamos definir como "diagnóstico", tanto no sentido técnico do termo como na sua aplicação formativa; precisamente porque permite que o formador e o formando trabalhem juntos, não tanto para criar novos "adeptos" – que respondam às expectativas espirituais ou carismáticas de uma determinada instituição (Congregação Religiosa ou Diocese) –, mas para desenvolver os talentos que cada um, em sua própria história evolutiva, recebeu de Deus para fazer a sua vontade.

O percurso do discernimento, em sua perspectiva psicoeducativa, deverá estar atento à capacidade de desenvolvimento do indivíduo, e não apenas em verificar como ele aprende os conteúdos formativos, para depois modular os comportamentos exteriores. É preciso averiguar como ele continua a envolver-se num crescimento prospectivo, a tornar-se o que é e a preparar-se para ser o que pode ser, à medida que se abre aos mistérios de Deus.

"É o registro da motivação, da decisão, do projeto, mesmo existencial" (Pellerey, 2013, p. 13), que emerge do conhecimento das qualidades e defeitos da personalidade, da descoberta das suas preferências de caráter, a partir da consciência de seus limites. São dinâmicas educativas que ajudam a atingir o mais profundo do indivíduo, reconhecendo, na sua diversidade, aqueles aspectos construtivos e valorativos de si mesmo, que lhe permitem transcender-se na especificidade do próprio ser orientado para o chamado de Deus.

A psicologia das diferenças individuais

A psicologia que olha para as diferenças individuais se preocupa em detectar o que, em cada indivíduo, pode ajudar em seu crescimento e desenvolvimento, em colaboração com o projeto criativo de Deus (Crea, 2014a; Francis, 2009). Aplicado ao caminho do discernimento, a psicologia das diferenças individuais ajuda a descrever, compreender e interpretar as variações que caracterizam cada um, mas também como isso consegue se sintonizar com um projeto de vida. O termo "personalidade" é usado por nós para definir as diferenças de temperamento que as pessoas normalmente descobrem em sua vida diária, o que pode tornar-se hábitos preciosos a serem conhecidos e usados na sua potencialidade.

Na psicologia das diferenças individuais, a *singularidade* reflete as raízes específicas de cada um; o *caráter*, ao contrário, reflete as características que estão mais na "superfície" (Francis, 2020). "O temperamento é geralmente definido como reatividade e autorregulação das diferenças individuais em uma base biológica, incluindo as características de motivação, afeto, atividade e atenção" (Lengua et al., 2019, p. 202).

As qualidades que definem a personalidade são, em grande parte, imutáveis (como o sexo, a etnia etc.), enquanto as qualidades que definem o caráter estão abertas à mudança e ao desenvolvimento. Enquanto o primeiro (personalidade) é neutro e livre de juízo de valor, o segundo (caráter) é altamente acessível em termos de valores pessoais.

Esse processo de "codificação" da variabilidade humana constitui um modelo de personalidade de ampla aplicabilidade que permite representar as variações da norma em um número amplo de sujeitos (Dazzi et al., 2009, p. 39). Além disso, essas diferenciações se fortalecem e se consolidam, na medida em que o sujeito se deixa transformar pela relação com as tantas "outras pessoas significativas" que participaram da construção de sua identidade. Nessa história educativa terá aprendido a valorizar o que é, mas também a perceber o que pode ser, pois experimentou novas perspectivas orientativas ao confrontar-se com as tantas pessoas e situações de vida que contribuíram para o seu crescimento.

De fato, é na vida que a pessoa manifesta os aspectos complexos de seu sistema de adaptação, pois é nos comportamentos do cotidiano que ela reconhece, na singularidade de seu ser, a possibilidade de fazer escolhas significativas para sua existência. Torna, assim, o seu estilo e os seus valores existenciais acessíveis a si mesma e aos outros, para crescer e se integrar no contexto afetivo em que vive. Em termos psicológicos, essas diferenças individuais que surgem na realidade cotidiana podem ser entendidas como aspectos de si mesma, que "dinamizam" construtivamente, à medida que a pessoa os valoriza em seu agir cotidiano (Francis, 2014).

Vamos considerar a distinção entre introversão e extroversão. A psicologia da personalidade não afirma que os introvertidos são melhores ou piores do que os extrovertidos, por exemplo. Introvertidos e extrovertidos são diferentes apenas no sentido de que, por exemplo, introvertidos podem fazer algumas coisas melhor do que extrovertidos e extrovertidos podem fazer algumas coisas melhor do que introvertidos. Em outras palavras, os introvertidos não precisam tornar-se extrovertidos para serem pessoas melhores, e os extrovertidos não precisam tornar-se introvertidos para serem pessoas melhores.

Ao mesmo tempo, dentro de cada característica da personalidade podem existir "nuances" que diferenciam as qualidades constitutivas do indivíduo, que se manifestam mais claramente no estilo adaptativo da pessoa, que depende das variações de comportamento em diferentes situações da vida.

Continuando o exemplo da diferença entre introvertidos e extrovertidos, na especificidade da introversão poderíamos detectar a distinção entre timidez e confidencialidade. A pessoa tímida e reservada tem muito em comum com uma atitude evasiva em relação aos outros. A grande diferença é que a pessoa reservada mantém uma adaptação relativamente saudável e flexível ao ambiente, enquanto a pessoa evitante não tem a capacidade de se adaptar, de forma eficaz, devido aos seus traços rígidos e inflexíveis.

Assim, em um determinado contexto, um introvertido pode desenvolver um bom caráter de prudência, atenção, reflexividade, assim como, em um contexto e com uma história relacional diferente, ele pode desenvolver um aspecto negativo de fechamento, rigidez, autorreferencialidade.

A mesma variabilidade pode ser encontrada em outras características de personalidade que fazem parte do modo de ser do indivíduo. Um extrovertido, por exemplo, pode ser um sujeito aberto e casual nas relações com os outros, capaz de dizer o que pensa, pois foi assim que aprendeu a dinamizar as próprias características de si mesmo no processo de adaptação relacional. Essa característica, porém, pode se tornar disfuncional se ele expressar o que pensa de forma agressiva, perdendo o controle quando, por exemplo, se encontra diante de um superior que lhe diz "não"; ou pode se manifestar como ciumento, competitivo, conflituoso etc.

As diferentes manifestações de si mesmo revelam como o sujeito aprendeu a "valorizar" o que é, diferenciando-se de acordo com as situações que encontra e com seu próprio caráter (Dazzi et al., 2009, p. 40). Podemos, portanto, supor que cada estilo de personalidade tem vantagens e desvantagens, dependendo de como se adapta ao ambiente. Um determinado comportamento pode ser entendido como recurso usual da pessoa, mas, em um contexto diferente e com uma história de eventos diferente, também pode ser problemático e disfuncional.

Tudo isso tem grande valor em um processo de discernimento em que é importante verificar como essa pessoa consegue se conhecer e se valorizar nas diferenças de caráter. Esse conhecimento de si lhe permitirá esclarecer os talentos disponíveis, dar sentido às diferentes dimensões do seu caráter e fazê-las convergir para a vontade de Deus no caminho da busca vocacional. A consciência do próprio modo de ser torna-se, portanto, não apenas um fato cognitivo inerente às dimensões da personalidade que melhor respondem a um modelo de como ser presbítero ou religioso consagrado, prefigurado por uma congregação religiosa ou a diocese, mas um verdadeiro processo educacional, que permite detectar as formas de adaptação que o indivíduo costuma utilizar por meio de suas características de personalidade. Num processo de discernimento, é importante prestar atenção não somente nos aspectos categóricos (é extrovertido, sociável, ansioso...), mas também na forma como a pessoa aprendeu a utilizar determinada característica. Isso é uma oportunidade de apreender as formas de adaptação do vocacionado, porque indica a congruência com o ideal de vida ao qual ele deseja aderir. O conhecimento das características da personalidade, portanto, não é útil apenas para rotular as pessoas, mas é importante para se "detectar" como estão disponíveis para formá-lo, sintonizando-se com as motivações vocacionais que requerem uma conversão pessoal ao chamado de Deus.

Qual temperamento discernir e para qual vocação

A teoria dos tipos psicológicos de Jung conceitua diferenças individuais em termos de *dois tipos de orientação* (introversão e extroversão), *dois tipos de percepção* (sensação e intuição), *dois tipos de julgamento* (pensamento e sentimento) e *dois tipos de atitude* (julgamento e percepção) (ver tabela 1).

De acordo com o modelo de Jung (2011), introversão e extroversão descrevem as duas orientações preferidas com respeito ao mundo interno e externo. Os *introvertidos* (I) preferem prestar atenção ao seu mundo interno e tirar dele a energia necessária para agir. Quando estão cansados e precisam de estímulo, entram em seu mundo interior. Os *extrovertidos* (E), por outro lado, preferem prestar atenção ao mundo exterior. Quando os extrovertidos estão cansados e precisam se reanimar, eles se voltam para o mundo exterior.

Ainda de acordo com o modelo de Jung, as duas orientações e os dois tipos de percepção têm a ver com a maneira como as pessoas tendem a coletar e processar informações do mundo circundante. Os tipos psicológicos centrados na *sensação* (S) tendem a processar a realidade a partir dos sentidos. São sujeitos que veem os detalhes das coisas, ao invés de focar no significado geral. Os sujeitos de tipo psicológico *intuitivo* (N) enfocam mais nas possibilidades, conexões e relações, por isso tendem a privilegiar a visão geral das coisas, que vai além da informação dos detalhes individuais.

Pensar e sentir representam as duas preferências que caracterizam o processo de julgamento. Também descrevem como as pessoas preferem tomar decisões e fazer escolhas. Aquelas que preferem o *pensamento* (T) tendem a tomar decisão com base na análise objetiva e lógica das coisas. As que preferem *sentimento* (F) tomam suas decisões com base em valores subjetivos e em como se sentem envolvidas.

Julgar e perceber, por outro lado, são duas atitudes que diferenciam o indivíduo da relação com o mundo exterior. Pessoas que usam a atitude baseada no *julgamento* (J) apresentam uma abordagem planejada e sistemática da vida. É através do julgamento que chegam a conclusões, tendo por base o que perceberam. Elas preferem ter um sistema de avaliação fixo e tendem a favorecer uma atitude fechada. Pessoas que preferem uma atitude baseada na *percepção* (P) encaram o ambiente externo de forma flexível e espontânea. É através da percepção que entram em contato e se tornam conscientes da realidade externa. Embora tendam a favorecer níveis mínimos de planejamento e organização, são mais abertas – por meio de seu próprio sistema de percepção – para compreender a realidade.

Tabela 1: Esquema dos diferentes índices relativos às quatro preferências básicas que estruturam a personalidade		
Índice	A preferência entre...	Isso influencia a escolha do indivíduo em relação a...
EI	Extroversão ou introversão	... direcionar a percepção e o julgamento sobre o meio ambiente ou sobre o mundo das ideias;
SN	Sensação ou intuição	... em qual desses dois tipos de percepção confiar;
TF	Pensamento ou sentimento	... em qual desses dois tipos de julgamento confiar;
JP	Juízo ou percepção	... usar uma atitude baseada em julgamento ou percepção, ao lidar com o ambiente externo.

Variabilidade nos tipos psicológicos e psicodiagnóstico vocacional

As indicações feitas no parágrafo anterior servirão para compreender a dinâmica que será exemplificada com os perfis dos casos apresentados nas páginas seguintes. A especificidade das distintas características de personalidade indicada na tabela 1 denota como as diferenças individuais se dinamizam (usaremos o termo "dinamizar" várias vezes) na variabilidade do comportamento diário da pessoa. Essas diferenças têm um valor próprio, na medida em que norteiam a história do sujeito, pois é no sentido vocacional da existência que a diversidade de cada um encontra sua razão de ser. É na busca do "porquê" da existência que se acionam os aspectos motivacionais e autorreguladores, com os quais os ideais carismáticos se traduzirão em ações e comportamentos condizentes com o projeto de vida, que, em determinado momento, se encontra com o discernimento.

Tomemos como exemplo um seminarista extroverso, aspecto de seu caráter que ele mesmo reconhece e que o formador também confirma. Ele manifesta a variabilidade dessa característica nas diferentes situações interpessoais com as quais entra em contato (tanto no sentido positivo, por exemplo, quando exprime a sua opinião em reuniões de grupo, quando se coloca à disposição nos serviços comunitários; mas também no sentido negativo, sempre que quiser ter a última palavra, quando ele nunca para de falar etc.). Essa variabilidade de sua extroversão tem um valor valioso, pois ele a integra em tudo aquilo que faz. Se a sua dedicação for, por exemplo, à pastoral paroquial, saberá "dedicar-se" ativamente aos enfermos, usando tudo o que puder para ajudar os outros a sentirem-se bem em sua companhia; também poderá tornar-se um "ouvinte ativo", ao dirigir um grupo de jovens sem necessariamente ter que falar, com uma atitude de escuta atenta, que os jovens apreciam, porque o sentem próximo da sua realidade. Nesse caso, com um adequado processo de discernimento ou acompanhamento formativo, aprenderá a regular a sua extroversão com base no retorno que recebe dos diversos contextos relacionais. O autoconhecimento e a reflexão educativa dos outros podem facilitar essa regulação, pois ajudam a redescobrir o que o indivíduo e o grupo têm em comum, em um planejamento compartilhado.

Tomamos como exemplo o serviço pastoral, mas poderíamos também estendê-lo a outras áreas, como a forma de viver as amizades, o trabalho, o empenho no estudo, a relação com a comunidade, a conversa com o formador etc. Em todas essas áreas, o conhecimento da própria variabilidade se confunde com a dos outros, fazendo com que a relação entre ações e "objetivos desejados" surja nas experiências relacionais, modelando-se na redescoberta dessas motivações comuns que permitem emergir a especificidade do projeto vocacional.

Voltemos agora ao modelo dos tipos psicológicos, para entender as dinâmicas até agora apresentadas em termos gerais.

Se nos referirmos aos diferentes índices descritos no parágrafo anterior, relativos às quatro preferências básicas que, segundo a teoria das diferenças individuais, estruturam a personalidade, as pessoas que fazem discernimento diferem em suas reações, em seus interesses, nos valores que atribuem às coisas, nas necessidades que sentem e nas motivações que as levam a agir. Isso significa que todos se destacam no que fazem de melhor e no que mais gostam de fazer. Conhecer essas preferências é importante para avaliar a forma como utilizam suas habilidades na busca de seu próprio projeto de vida.

Teoricamente, seria de se esperar que todos desenvolvessem mais habilidades nas preferências psicológicas e nas áreas onde se encontram mais adequados. Essas distinções variam entre as orientações opostas do temperamento de cada um, de acordo com as preferências de cada um. Por exemplo, os indivíduos podem se diferenciar entre *extrovertidos* (E) e *introvertidos* (I), o que, de acordo com o modelo em questão, podemos definir com as letras EI. Uma pessoa extrovertida tende a ser orientada para o exterior e a focar sua *percepção* e *julgamento* nas coisas e nas pessoas. Enquanto um introvertido é orientado para o mundo interno e, portanto, concentra sua percepção e julgamento em conceitos e ideias.

É uma direção, e não outra, que indica a tendência favorita de cada um. Assim como uma pessoa, apesar de ter duas mãos e poder usar ambas, prefere usar uma ou outra (direita ou esquerda), dependendo de seus hábitos e de como essa tendência evoluiu ao longo de sua história de vida.

Do ponto de vista de suas preferências, poderíamos dizer que um extrovertido prefere atitudes extrovertidas, ao invés das introvertidas, pois, em suas experiências de vida, exerceu principalmente seu lado extrovertido, adaptando-se mais a atividades que favoreçam esse aspecto de si mesmo no trabalho ou em relacionamentos com outras pessoas. Ao contrário de um introvertido que, em vez disso, viverá suas experiências ou seus relacionamentos a partir da preferência por seu mundo interno.

Essa abordagem destaca não tanto os aspectos negativos da pessoa, mas sim o que ela é capaz de alcançar com os recursos e qualidades que reconhece. Cada preferência é, portanto, válida na medida em que aprendeu a utilizá-la com suas experiências de vida, sem que haja um juízo de valor sobre o que prefere ou sobre o que não faz parte de seus hábitos de temperamento (Crea, 2014b).

Preferências de temperamento e capacidade adaptativa

As preferências manifestam-se na forma como a pessoa se revela nos comportamentos cotidianos, especialmente nas áreas que caracterizam a sua inserção em setores sensíveis aos aspectos educativos do discernimento. A pastoral, as relações comunitárias, as experiências de fé, para citar alguns, são contextos nos quais é possível observar a forma como o indivíduo é capaz de integrar o ideal vocacional com comportamentos concretos: é aqui que ele se manifesta, conforme sua diversidade de caráter.

Referindo-se ao modelo de preferências pessoais, as *duas orientações* (extroversão ou introversão) e as *duas atitudes* (sensação ou intuição) são relevantes para entender como o indivíduo molda o contexto em que vive (seja a partir do mundo interno ou externo) e a forma como vivencia concretamente esse impacto (ou seja, a forma como processa a informação decorrente, por exemplo, do seu serviço na paróquia). Os dois tipos *de percepção* (pensamento ou sentimento) e os dois tipos de *julgamento* (julgamento ou percepção), por sua vez, estão envolvidos no processo de compreensão que leva a interpretar, esclarecer e explicar o conteúdo do que é feito, por exemplo, ao preparar uma catequese para a paróquia.

O modo de viver as preferências do próprio tipo psicológico representa o estilo narrativo do sujeito, a forma como ele se manifesta nas atividades cotidianas. Esse estilo permite-nos não apenas saber como é a pessoa, mas também os aspectos intencionais do seu ser, à medida que se depara com o mundo que a rodeia. De fato, na relação com os outros, sobretudo na relação educativa, se pode reconhecer as formas de adaptação funcional a que está habituada, mas também os aspectos intencionais do seu ser, à medida que se confronta com o mundo ao seu entorno.

Em outros termos, nos relacionamentos mútuos será possível verificar como o indivíduo consegue usar suas preferências psicológicas da melhor ou da pior forma possível, bem como sua intenção de atingir aqueles objetivos comuns que tornam visível a escolha. Se a pessoa tiver consciência do valor das características da sua personalidade e da intencionalidade das suas ações, realizará as várias atividades "transformando-as em elo de um novo processo", em sintonia com os aspectos vocacionais que a unem no contexto em que está situada. Não só isso, mas, quando tem dificuldades, pode ajustar sua maneira de fazer as coisas, otimizando suas habilidades e modificando suas fraquezas com base em motivações comuns.

Na ausência dessa capacidade integradora, entre o que ela faz e suas motivações internas (por exemplo, quando há vocacionados ou formandos que não têm claro quais são as suas qualidades pessoais), não só encontrará dificuldade em colaborar, mas ampliará as incompatibilidades entre si e os outros, a ponto de perceber as diferenças mútuas como um perigo contra o qual tem que se defender.

Portanto, aprender a reconhecer as diferentes tipologias psicológicas, de forma a integrá-las na relação com os outros e com o meio, é fundamental para explorar a capacidade de adaptação do indivíduo, mas também para sintonizá-lo com as propostas vocacionais feitas pela congregação ou diocese, sem se deter somente nos aspectos disfuncionais da personalidade.

Tomemos, por exemplo, um jovem que, durante um período de acompanhamento vocacional, é destinado a uma pastoral onde deve colaborar com outros que realizam o mesmo serviço. Ele será envolvido em um tipo de trabalho pastoral ativo ou, talvez, que envolva concentração silenciosa? Se ele é *extrovertido* (E), deve ser mais eficiente em sua relação com o meio ambiente do que com suas ideias. E vice-versa, para o tipo *introvertido* (I), que precisa de intimidade e concentração. Ele será mais eficaz em trabalhos que exigem eficiência ou naqueles que exigem imaginação? Se ele prefere a *sensação* (S), deve ser mais adequado para perceber os fatos do que as possibilidades. Ao contrário, o tipo *intuitivo* (N) precisará de mais inspiração e estimulação intelectual.

Lidará melhor com problemas impessoais ou com aqueles que implicam e envolvem o relacionamento com as pessoas? Se ele prefere o *pensamento* (T), sentir-se-á mais adequado para fazer julgamentos baseados na lógica do pensamento do que nos sentimentos, com uma certa organização racional das coisas. Já o tipo que prefere *sentimento* (F), exibe uma atitude mais compreensiva e sente-se à vontade para dedicar-se e ouvir os outros.

Será mais fácil para ele ser sistemático e decidido ou flexível e tolerante? Se preferir o *julgamento* (J), deve estar mais apto a colocar seu ambiente em ordem, em vez de se adaptar a ele. Se, por outro lado, prefere a *percepção* (P), isso significa que está inclinado à variedade e adaptabilidade.

Essa atenção diversificada às características da personalidade pode ajudar a entender como o indivíduo consegue dinamizar as diferenças de seu tipo psicológico, harmonizando-as no contexto das atividades que realiza, ou em colaboração com outras pessoas.

Compreender e explicar os diferentes hábitos de cada um, estruturados em termos da diversidade psicológica, estimularia uma melhor colaboração, pois permitiria valorizar as próprias características, participando de um enriquecimento comum e de uma melhor compreensão da realidade psíquica do outro (Saggino, 1991, p. 104).

Síntese das preferências individuais	
Extroversão (E): É, provavelmente, mais fácil se relacionar com o mundo externo (das coisas e pessoas) do que com o mundo interno das ideias.	**Introversão (I):** Provavelmente, é mais fácil se relacionar com o mundo interno das ideias do que com o mundo externo das pessoas e coisas.
Sensação (S): Provavelmente, preferirá lidar com fatos bem conhecidos do que com tentar identificar possibilidades e relacionamentos.	**Intuição (N):** Provavelmente, preferirá tentar identificar possibilidades e relacionamentos, em vez de lidar com fatos conhecidos.
Pensamento (T): Provavelmente, baseará seus julgamentos mais na lógica e na análise impessoal do que em valores pessoais.	**Sentimento (F):** Provavelmente, baseará seus julgamentos mais em valores pessoais do que em análises e lógicas impessoais.
Julgamento (J): Provavelmente, preferirá um estilo de vida planejado, decidido e organizado, em vez de flexível e espontâneo.	**Percepção (P):** Provavelmente, preferirá um estilo de vida flexível e espontâneo, em vez de planejado, decidido e organizado.

Diferenças individuais no discernimento comunitário

A atenção às diferenças individuais é importante para detectar como a pessoa cresce no contexto dos relacionamentos. O discernimento comunitário torna-se uma oportunidade privilegiada para que todos progridam juntos em direção a uma espiritualidade de comunhão que ajude a compreender e valorizar as diversidades mútuas, em uma visão de comportamento intencional e, portanto, planejado. Conhecer o perfil psicológico de cada um colocaria o discernimento no caminho das relações recíprocas, evitando o desperdício de energia na busca forçada de uma semelhança em que as diferenças são homologadas.

Dar prioridade à diversidade de cada um ajudaria a potencializar não só a concordância de caráter, mas também as divergências que emergem em momentos de conflito, quando há indivíduos de tipos opostos. "Isso nos ajuda a identificar os mal-entendidos que podem surgir, quando encontramos pessoas com preferências diferentes das nossas. Tais atritos, geralmente, surgem porque não conhecemos as perspectivas com as quais os outros veem, analisam e julgam os eventos" (Colonese, 2013, p. 91).

Ao ajudar os indivíduos a compreenderem suas incompatibilidades, observando a maneira como suas diferenças psicológicas agem, pode-se explorar melhor os pontos fortes e fracos de suas preferências, começando com o que é acessível de seus respectivos perfis de personalidade, até a situação de cooperação necessária entre pessoas interagindo.

Paradoxalmente, é precisamente nos momentos de conflito que se pode perguntar: o que chama a atenção nos comportamentos das pessoas? O que é dissonante com os aspectos intencionais e orientativos de suas ações? Se elas aprenderem a prestar atenção nos aspectos que fazem "barulho" em sua convivência, poderão reconhecer sua parte "sombra", da qual não têm consciência, mas que ainda influencia seu modo de agir.

Além disso, como vimos no capítulo VI, a identidade de cada pessoa não é um fato dado, mas uma história em construção contínua. Assim como a personalidade é o produto de processos desenvolvidos, a parte "sombra" de si mesmo é o resultado de processos menos desenvolvidos (mas igualmente presentes), que podem surgir na dinâmica interpessoal que o indivíduo ativa. A parte "sombra" da personalidade usa modos de percepção e julgamento dos quais o sujeito não tem consciência. Frequentemente, é um processo antagônico, que é reprimido e ignorado pela personalidade consciente. Conhecer a dinâmica de desenvolvimento dessa parte de si mesmo é muito importante no processo de discernimento, pois permite detectar como surgem aspectos disfuncionais, mas também motivações incongruentes da personalidade. Ao mesmo tempo, essa consciência pode ser motivo de intervenção educativa para que a pessoa adote estratégias de adaptação com o que há de mais positivo em si mesma. Vamos dar alguns exemplos.

A "sombra" de um jovem em discernimento, que tende a empregar conscientemente a preferência psicológica do *pensamento* (T), será o *sentimento* (F), que poderá surgir, nas relações interpessoais, de forma explosiva e desordenada, principalmente quando há relações conflitantes, que tornam suas emoções fora de controle. Mas também quando se descobre experimentando uma afetividade que não consegue administrar, como no caso de uma amizade disfuncional.

Já uma pessoa cujo tipo principal é o *sentimento* (F), terá como sombra a preferência pelo *pensamento* (T), um lado de si mesma que, às vezes, em relacionamentos conflitantes, pode se manifestar como rude, decisivo e autoritário. Mesmo nas relações de amizade e/ou íntimas, ela pode ter dificuldade para integrar harmoniosamente a afetividade de sua preferência psicológica, quando se relaciona segundo uma lógica autorreferencial que a levaria a preferir relações narcísicas centradas em sua própria maneira de ver as coisas.

A "sombra" de um sujeito em que emerge o tipo *sensação* (S) é a *intuição* (N), que, nas relações interpessoais, poderia manifestar-se negativamente, pelo excesso de interesse por possibilidades desagradáveis. O hábito de fazer como sempre se fez, pode ser minado e se tornar causa de conflito pelo surgimento de aspectos intuitivos que o levam a tirar conclusões repentinas. Ficará, portanto, perdido entre a tendência a uma adaptação habitual e os momentos de entusiasmo repentino.

Por fim, a "sombra" de um indivíduo *intuitivo* (N) será a *sensação* (S), o que, nas relações externas conflituosas, pode levar a pessoa a buscar satisfação em comportamentos superficiais ou em atitude de inércia, em sentir que suas aspirações são desvalorizadas.

Compreender os aspectos sombrios do indivíduo é importante, porque ajuda a esclarecer as contradições que, às vezes, põe em ação, com sua personalidade, e que – repetimos – emergem com força, justamente quando ele se encontra e se "choca" com outras pessoas. Se ele se manifesta com um comportamento estranho à sua maneira usual de fazer as coisas e se a qualidade desse comportamento é "inferior" (no sentido de que não é seu comportamento dominante) às ações que normalmente o caracterizam, isso significa que sua sombra está sendo percebida por aquela pessoa.

Portanto, a experiência interpessoal ajuda a compreender como o indivíduo utiliza seu comportamento consciente e as suas formas habituais de fazer as coisas. Isso nos remete àquelas modalidades preferenciais, porque as reconhece como válidas nas relações e atividades. Devemos considerar também que é nas relações que é possível perceber como ele se "vê", quando "não se está olhando", até porque, se não percebe, são os outros que o notam, principalmente quando o seu jeito de fazer as coisas é diferente do usual.

No trabalho de acompanhamento e discernimento, tornar-se-á importante reconhecer o tipo psicológico da pessoa acompanhada. Isso pode ajudar a compreender não só a sua forma de se mostrar (a sua preferência), mas também aquela forma que é inconsciente e que emerge quando suas atitudes e ações parecem irracionais aos olhos dos outros. Por isso, a atenção ao "ruído" e ao "estranhamento" da personalidade tem um valor fortemente educativo e não apenas "curativo". É justamente quando há episódios anômalos (que não se pode deixar de notar nas relações interpessoais) que podemos perguntar-nos: O que esse comportamento tem a ver com o que propusemos juntos?

O valor educacional do próprio modo de ser

A vertente educativa do próprio caráter é particularmente importante no processo de discernimento vocacional. Isso permite ao formador orientar-se por um programa de mudança centrado na pessoa, nas suas potencialidades, mas também nas diversidades disfuncionais que devem ser alteradas. Esse trabalho não é individualista, mas comunitário e interpessoal, porque a parte difícil do caráter, aquilo que se deve mudar, surge justamente na forma de se relacionar com os outros.

À medida que as pessoas se conscientizam de que as suas diferenças influenciam a resposta vocacional, aprenderão a reconhecer sua parte "sombria" nos episódios de conflito, despertando a necessidade de explorar novas formas de mudança, a partir dos aspectos construtivos de si mesma.

Essa dinâmica é extremamente útil no processo de formação, entre quem acompanha e quem é acompanhado, porque é uma forma de acesso não só à necessidade de mudança, mas também à necessidade de identificar as motivações interiores. Através da relação que se estabelece, a pessoa pode ser levada a reorganizar, de outra forma, o seu próprio processo de crescimento, fazendo convergir a sua parte construtiva para os objetivos vocacionais comuns.

Tudo isso, entretanto, não é automático nem o resultado de uma intervenção mágica. É um trabalho lento e constante, que leva a reconhecer os aspectos de valor presentes, ouvindo o "ruído de fundo" que emerge das singularidades de cada um: captar os sinais desse "ruído", a partir da variabilidade e vulnerabilidade do psicológico, é a missão do percurso educativo que se desenvolve entre o formador e o formando.

Parafraseando as palavras que Berne (1992, p. 59) usou para o relato de um trabalho de psicoterapia e aplicando-as ao contexto do discernimento, poderíamos dizer que, se o formador prestar atenção apenas às informações manifestadas explicitamente, ele se limitará a perceber somente as motivações externas, mesmo que seja a "parte boa" do formando. Compreender isso é importante porque corresponde a uma atitude exigida para a sua função de formador, que ajuda a discernir a escolha vocacional.

Uma pessoa impecável no caminho formativo nada comunica sobre as variações de seu estado psicológico. As razões que justificam uma mudança, geralmente, são percebidas nas relações interpessoais que provocam "incômodo". Quando se deseja discernir como um formando integra as variações de caráter com o seu projeto vocacional, deve-se verificar o "ruído". Essa capacidade de ouvir as adversidades da história de cada um obriga-nos a ir além dos conteúdos que emergem na comunicação das relações aparentes, para perceber, em um modo receptivo, a vulnerabilidade da personalidade.

Estilo relacional e transformação

Para compreender como o estilo relacional contribui para o processo formativo, recorremos a alguns exemplos adaptados ao contexto de discernimento. Muitas vezes partimos da crença de que os aspectos considerados negativos devem ser corrigidos, sendo muitas vezes um princípio que norteia as orientações do formador. O modelo corretivo evidencia os aspectos desadaptativos do processo formativo. Se, por exemplo, um formando repetidamente entra em conflito com aquilo que os outros dizem, pode-se presumir que ele não conseguirá viver em comunidade, a menos que aprenda a corrigir esse temperamento. Em um acompanhamento formativo personalizado (diferente do modelo corretivo), provavelmente se descobrirá que há feridas do passado que voltam ao presente, das quais precisará cuidar, se quiser ser um bom juniorista e um bom presbítero no futuro. Se o acompanhamento formativo conseguir atingir seu objetivo, o formando aprenderá a manter seus impulsos negativos sob controle, e isso lhe permitirá seguir em frente.

Mas, se partirmos do princípio de que em todo defeito – aquele que surge como "ruído" nas relações – há uma virtude a ser descoberta como parte do processo de crescimento, será possível iniciar uma transformação formativa que não seja somente ligada a comportamentos externos, mas aos aspectos da "interioridade".

Além disso, as diferenças psicológicas que caracterizam as preferências de cada pessoa produzem diferenças nos interesses, nos valores, na forma de colaboração formativa e na gestão de conflitos. Tudo isso diz respeito aos aspectos descritivos e não avaliativos da pessoa. Dessa perspectiva, nenhum julgamento de valor é expresso sobre seu comportamento. Nas relações interpessoais, essa leitura não é usual, pois o que é "diferente" assusta, sendo percebido como algo estranho, senão prejudicial para fins comuns e, portanto, não parece compatível nem é visto como uma oportunidade de crescimento da pessoa. Certamente é mais fácil preferir pessoas "ajustadas", com as quais nos damos bem, que sejam do mesmo caráter psicológico, para que se tenha a impressão de que a relação formativa está "dando frutos". Poderíamos dizer: aqui está finalmente a pessoa ideal, com o tipo de vocação que se desejava obter. Nesse objetivo, o formador e o formando podem perceber-se em sintonia.

No entanto, essa é uma concepção educacional baseada nos aspectos normativos da verossimilhança comum, em que o sujeito adere às propostas formativas favorecendo uma adaptação por afinidade e não por diferenciação.

Embora a harmonia seja um dos objetivos importantes para o processo de formação, elevar essas características a um modelo único e ideal não permite que outros aspectos, que caracterizam a individualidade específica de cada um, surjam e se confrontem em vista de um desenvolvimento transformador. Nem permite reconhecer os pontos inadequados do próprio caráter, no caso de características negativas. Vários estudos confirmam que indivíduos que não diferem em valores comuns podem muito bem diferir em comportamentos disfuncionais. "Somos quase todos virtuosos no abstrato, mas as diferenças estão na facilidade com que recorremos ao desengajamento moral em certas circunstâncias da vida cotidiana" (Bandura, 2017, p. 55). Quando se é muito "igual" em contextos sociais em que se motiva um bem comum que valoriza a convivência, não é possível obter informações sobre as diferenciações e mudanças da pessoa.

Enquanto os aspectos contraditórios não transparecerem, aquela aparente calma que agrada a todos, mas que não muda nada, não é possível distinguir as diferenças nem discernir a capacidade de mudança da pessoa. Se, por outro lado, surgirem diferenças opostas nos tipos psicológicos em interação (também por fatores externos ou imprevistos), essa será uma oportunidade de ampliá-los e integrá-los em um caminho de convivência que dá sentido e valor a todos.

Colaboração e integração das diversidades individuais

Quando surgem diferenças, torna-se urgente relembrar o objetivo do processo formativo, entendido como um trabalho de integração entre a variabilidade individual e o planejamento comum. Essa urgência será necessária nos vários momentos de discernimento, nas entrevistas, nos trabalhos de grupo, nas experiências de partilha. Só cuidando das próprias diferenças, elas poderão ser valorizadas em vista do bem comum. Para evidenciar essa configuração processual, a atenção à diversidade deve fazer parte de um programa de conscientização que ajude a reconhecer o seu valor.

O caso dos dois formadores mal-humorados

Vamos explorar esse aspecto por um momento, dando o exemplo da relação de dois formadores de uma mesma equipe formativa, para explicar como suas diferenças individuais podem contribuir para viver melhor o trabalho formativo que realizam. Se os dois formadores têm um tipo psicológico semelhante, há maior possibilidade de intercâmbio entre eles, na forma de tomar uma decisão ou de estabelecer um programa formativo para os formandos. Se ambos percebem a realidade através da *sensação* (S), significa que gostam de fatos; se, ao invés, percebem a realidade através da *intuição* (N), preferem as possibilidades que podem surgir do contexto. Aqueles que tomam decisões considerando o *pensamento* (T) procedem de maneira lógica e pontual; aqueles que decidem considerando os *sentimentos* (F) procedem de um ponto vista humano, considerando variáveis em sentido mais amplo.

As dificuldades podem surgir se um dos dois, que supomos julgar a realidade considerando o *pensamento* (T), tenta impor as razões lógicas de um determinado programa formativo, ou se tenta avaliar uma decisão tomada pelo outro formador – que supomos julgar a realidade considerando os *sentimentos* (F). Com o tempo, tais inconsistências de caráter vão trazer contrastes nas relações, uma vez que vão surgindo as partes "sombra" de cada um dos formadores: são aquelas partes que realmente perturbam a harmonia, mas que, de alguma forma, precisam ser integradas, para atingir metas que os unam em sua convivência.

Claro, se eles tivessem um caráter semelhante, ambos iriam querer colaborar com entusiasmo; mas, se não levarem em conta suas diferenças psicológicas nas decisões que tomam, as dificuldades logo surgirão.

Na verdade, quando o formador do tipo F (poderíamos chamá-lo de Irmão Sentimento que coloca as emoções e os relacionamentos no centro de suas decisões) precisa colaborar com outro que é do tipo T (Irmão Pensamento que tem um modo lógico de tomar decisão), o Irmão Sentimento poderia tirar conclusões a partir de seu próprio ponto de vista: por exemplo, que o outro formador é muito racional e deseja manter tudo sob controle. Por isso se queixa de que os formandos que lhe foram confiados não cumprem com seus critérios formativos (não são atenciosos, participam das atividades formativas com má vontade, respondem mal...).

E é precisamente o que acontece quando o Irmão Pensamento conduz a formação segundo a sua natureza lógica e racional, sem se envolver emocionalmente: nesses momentos, o Irmão Sentimento diz que, apesar de tentar explicar o conteúdo formativo, o Irmão Pensamento não reserva tempo para questionar os formandos ou não os envolve de forma alguma no aprendizado do conteúdo. Quando tenta envolver os formandos, irrita-se com seus comentários, discordando de suas posições, consideradas muitas vezes pensamentos ilógicos. Do contrário, quando o Irmão Sentimento conduz a formação, prefere deixar espaço para a participação dos jovens, e o faz porque gosta e quer que seja agradável também para os formandos.

Para um colaborar com o outro, cada um deve encontrar uma "motivação" que também seja significativa para o outro. Isso é possível à medida que aprendem a se conhecer e a se valorizar em sua diversidade.

O que o Irmão Sentimento precisa lembrar é que o Irmão Pensamento geralmente não tem consciência de como as pessoas percebem a lógica das coisas (porque estão muito ocupadas com sua maneira expansiva e sociável de se relacionar). Ele percebe essa parte na "sombra", quando vê que os encontros formativos do outro são bem preparados no que diz respeito ao conteúdo, mas com pouco espaço para relações interpessoais.

O Irmão Pensamento, por sua vez, precisa estar atento ao que as pessoas sentem emocionalmente diante de quem segue uma lógica rigorosa e racional dos fatos, para que possa encontrar uma explicação racional até mesmo nas experiências emocionais, apreciando como as emoções podem explicar a razão para certos comportamentos. Portanto, ele também deve aprender a reconhecer o valor daquilo que motiva o Irmão Sentimento, o que também pode ser útil para ele. Por exemplo, pode perceber e apreciar a maneira harmoniosa e ordenada como ele mesmo conduz os encontros, quando consegue organizar encontros formativos que favoreçam o interesse empático e a expressão lógica dos conteúdos. Isso seria possível se, no caso de haver comentários dos postulantes, ele iniciar uma discussão e falar abertamente sobre o que concorda, em vez de enfatizar teimosamente sua discordância.

Na verdade, se ambos estão abertos a compreender o aspecto de valor da diversidade psicológica do outro, eles estarão dispostos a fazer "concessões" para aceitar as diferenças e apoiar um ao outro num clima de colaboração. A lógica do Irmão Pensamento e a compreensão emocional do Irmão Sentimento podem se tornar uma oportunidade real de colaboração durante a formação.

Muito diferente para poder colaborar

Muitas vezes, as pessoas entram em conflito umas com as outras porque não aproveitam essa oportunidade para integrar os aspectos úteis de sua diversidade. Esses mal-entendidos no processo de discernimento podem ser muito negativos e decorrem do fato de que, às vezes, se fecham a tipos opostos e não conseguem ir além da incompatibilidade de seus estilos.

Tomemos o exemplo da relação entre um formador encarregado do discernimento e um jovem candidato ao postulantado. Suponhamos que ambos trabalhem juntos na organização de um retiro para jovens: o primeiro é um formador que amadureceu ao longo dos anos, enquanto o candidato é um jovem zeloso e entusiasta na forma de acolher os indivíduos que vêm para o encontro.

Quando se reúnem para organizar o dia do retiro, cada um tende a dar prioridade ao lado da personalidade que o outro negligencia. Por exemplo, se o jovem candidato zeloso é um *intuitivo* (N), ele tende a ter ideias brilhantes; se o formador amadurecido ao longo dos anos é aquele que prefere a *sensação* (S), tenderá para o sentido prático das coisas; o formador confia no real, o jovem candidato confia no que lhe é possível.

Quando o jovem candidato tem uma ideia nova sobre o retiro com os jovens, tenderá a apresentá-la de forma vaga e imprecisa, confiando que o formador a irá compreender aceitando o que é essencial para ele. Em um dos encontros de planejamento diz: "Durante o retiro, devemos permitir que os jovens se expressem livremente. Estamos lá para ouvi-los, porque esta é a nossa preocupação; devemos compreendê-los profundamente para poder acompanhá-los". Ao dizer isso, no entanto, ele negligência os detalhes de como fazê-lo, quase esquecendo que, além de ouvi-los, é necessário realizar muitas outras atividades durante um dia de retiro.

Embora essa seja precisamente a preocupação do formador mais velho, que muitas vezes lhe diz: "Não se pode ficar o tempo todo com eles, quando há coisas concretas a fazer, como mover as cadeiras, preparar as mesas etc.!". Quando eles tiverem que se organizar, o formador tenderá a focar no que é omitido pelo outro, reagindo e pontuando que as ideias do jovem candidato ao postulantado são vagas ("você tem que deixá-los à vontade e ouvi-los..."), não vão funcionar e que, por esse motivo, discorda dele.

Eles seriam capazes de cooperar se prestassem atenção ao "ruído" produzido pelo lado sombrio de seu tipo psicológico, que se destaca justamente pela reação do outro!

O jovem "intuitivo" deve ser realista, por exemplo, elaborando os detalhes práticos da sua ideia de acolher e ouvir os jovens. O formador mais experiente, mais "prático" (como "sensação"), deve permitir ao intuitivo a oportunidade de se manifestar, dizendo, por exemplo: "A sua ideia pode funcionar se...", para, então, levantar todas as objeções de sua experiência, já que ele sabe bem que, nas atividades do formador, é importante manter os pés no chão. Ele poderia, então, propor: "O que você faria a respeito disso?", de forma que o jovem candidato intuitivo possa usar sua energia e sua engenhosidade para se concentrar no que precisa de mais atenção naquele momento, para superar obstáculos concretos, a fim de chegar a uma comum solução.

Olhando mais de perto, o formador que amadureceu ao longo dos anos, com uma preferência por senso prático e concretude no trato com as coisas (sensação), e o candidato jovem, um tanto zeloso e intuitivo (intuitivo), podem encontrar pontos de convergência que trazem à tona as integrações possíveis diante das diversidades. Embora aparentemente pareçam incompatíveis, destinados a não se compreenderem, o conhecimento de suas respectivas características de personalidade permitiria que percebessem o potencial colaborativo de que dispõem (Crea, 2015, p. 240).

De fato, o formador *realista* (S) necessita de uma pessoa intuitiva (N), se não quiser reduzir os encontros vocacionais com os jovens a uma simples rotina de coisas já feitas (mesmo que bem-feitas), para as quais a colaboração com um *intuitivo* (N), como o jovem candidato, o ajudaria a enxergar as possibilidades presentes nas propostas que os jovens fazem. Isso permitiria que ele se esforçasse para resolver quaisquer problemas que pudessem surgir durante os dias de retiro. Por outro lado, quem é intuitivo tem necessidade de colaborar com alguém realista, porque isso o ajudaria a ficar "com os pés no chão", a dar-se tempo para ouvir os jovens, a ter paciência nas situações que desgastam seu temperamento zeloso, típico de quem é muito idealista.

Integrando os tipos psicológicos opostos em um trabalho de discernimento

Que significado esses exemplos têm no processo de discernimento? Significa que é fundamental se abrir para a diversidade e a novidade do outro. Podemos nos perguntar: Quais são as preferências das pessoas que poderiam ser valorizadas? Mas também quais são as partes sombrias que não são aceitas sobre nós mesmos, as quais se manifestam na relação com tipos psicológicos diferentes do nosso?

De fato, paradoxalmente, se duas pessoas têm o mesmo caráter, é verdade que se entenderão muito bem, mas não constituirão uma "dupla mais forte", porque estarão propensas a cometer os mesmos erros. Se tiverem duas ou três preferências em comum, entenderão e se integrarão naquilo que as torna diferentes.

Afinal, a colaboração entre diferentes tipos é possível, na medida em que a "vantagem" que cada tipo psicológico considera mais importante é preservada: o tipo S quer que a solução seja viável; o tipo T quer que seja mediana; o tipo F quer que seja humanamente agradável; e o tipo N deseja que tenha uma porta aberta para o crescimento.

Isso significa que, quando há confronto entre indivíduos que possuem caráter diferente, ao invés de se reivindicar toda vantagem segundo o seu próprio ponto de vista, pode-se valorizar as principais vantagens que há no seu tipo psicológico, porque isso é uma parte da pessoa que também pode ser reconhecida como valor pelo outro e que pode ser integrada nas decisões a serem tomadas em conjunto. Obviamente, esse trabalho se aplica a ambos, então o outro também deve fazer o mesmo.

Por isso, é importante conhecer os méritos de cada tipo psicológico, a fim de avaliar suas vantagens nas relações interpessoais. Ninguém pode ser bom em tudo o tempo todo, mas todos são chamados a ser bons em seus talentos e a apreciar convenientemente os dos outros. "Juntos, graças às suas diferenças, eles podem fazer um trabalho melhor do que fariam se fossem exatamente iguais" (Saggino, 1991, p. 102).

Preferências individuais e colaboração interpessoal no percurso formativo

Do ponto de vista geral da diversidade psicológica de cada um, podem surgir alguns critérios de observação que ajudem a valorizar as potencialidades e talentos de cada um em vista de um projeto vocacional. O que a pessoa prefere em relação ao seu temperamento corresponde à maneira como ela aprendeu a ser o que é. A partir disso, é importante verificar como ela se compara na relação formativa, como reage aos estímulos oferecidos, como se mostra receptiva a novas oportunidades (pastoral, comunitária, com a família, com os amigos...), para detectar se, no seu modo de proceder, tende a reconhecer e integrar as diversidades para o enriquecimento pessoal, abrindo-se para os aspectos de valor que o outro lhe transmitir. Ou se, ao contrário, prefere se fechar em posições rígidas.

Facilitar o processo de integração das diversidades nas experiências de vida do formando que faz o discernimento torna-se fundamental para poder detectar o seu modo de proceder na descoberta vocacional. Vamos ver como chegamos a isso, tentando relacionar a análise do comportamento à consciência do estilo de adaptação do indivíduo.

A partir das quatro preferências relativas ao uso da percepção e do julgamento, o indivíduo pode desenvolver um "tipo psicológico" específico, com o qual realiza suas qualidades individuais. Essas características são dinamizadas no relacionamento com os outros e com as situações que ele tem que enfrentar. Pessoas que integram suas preferências de caráter aprendem a reconhecer quais características do outro podem se transformar em qualidades que o façam colaborar.

O primeiro passo importante é que o indivíduo torne seu ser psicológico acessível, reconhecível em seus interesses, valores, necessidades, hábitos que derivam do uso de diferentes preferências. Quem acompanha o discernimento pode prestar atenção em como a pessoa se descreve em relação a suas quatro preferências e como se comporta nos diferentes contextos relacionais. A partir dessa constatação, será possível traçar um projeto formativo que leve em conta não só a dinâmica subjacente às suas características psicológicas, como também a forma como integra a sua diversidade com as pessoas que encontra ao longo do seu percurso (grupo vocacional, comunidade de formação, pastoral paroquial, amigos...). Essas dinâmicas são importantes para se verificar como ela aprendeu a mudar, de forma a se orientar em sua história a busca por responder a uma vocação específica.

Na verdade, a diversidade que emerge dos tipos psicológicos do candidato pode se tornar uma oportunidade formativa diante das diferentes experiências intersubjetivas que ele vive. Procuremos explicar esse desenvolvimento referindo-nos à colaboração entre dois seminaristas, um mais jovem e outro mais velho. O exemplo apresentado a seguir pode ser estendido também à relação formativa entre quem tem a tarefa de acompanhar no discernimento e quem se deixa acompanhar.

Suponhamos que o mais velho, vamos chamá-lo de John, tem algumas características de personalidade que correspondem às preferências de introversão (I), intuição (N), pensamento (T) e julgamento (J). Juntando essas características, poderíamos dizer que seu temperamento corresponde ao tipo INTJ, indicando, com essa "sigla", seu estilo preferencial de adaptação, com o qual ele está mais apto a se relacionar com os outros. Em particular, com o seu amigo mais novo, a quem chamamos de Paul, que acaba de entrar no seminário e que tem preferências muito semelhantes às suas: introversão (I), intuição (N), sentimento (F) e julgamento (J). Essas preferências formam o tipo psicológico INFJ. Praticamente, eles diferem apenas na forma de julgar a realidade: o John, mais velho, prefere a lógica do pensamento (T), enquanto Paul prefere os sentimentos (F). De resto, gostam de trabalhar juntos, o que é muito importante pela responsabilidade que têm com o grupo de jovens que dirigem na paróquia, porque ambos preferem pensar as coisas com autonomia e segundo o seu próprio ponto de vista (introversão), antes de confrontar e discutir suas ideias juntos.

São criativos e imaginativos (Intuição), pois gostam de conectar suas ideias com novas estratégias, integrando os *insights* teóricos, especialmente quando têm que fazer intervenções formativas com os jovens. Ambos estão interessados em que esses momentos de encontro pessoal sejam bem organizados e estruturados (julgamento), mas – como já foi referido – diferem na forma como preferem avaliar a realidade e como chegam a conclusões: enquanto o mais velho prefere usar uma certa lógica de ideias (T), o outro prefere a parte emocional (F) da sua personalidade.

Geralmente, a maneira como as pessoas desenvolvem suas diferentes preferências varia de acordo com o que elas gostam. Das duas letras que marcam a dimensão do tipo psicológico (por exemplo, S ou N, T ou F), uma será dominante, enquanto a outra terá função auxiliar. É o desenvolvimento da função dominante que molda o crescimento da pessoa e que será reconhecida pelos demais com quem ela convive.

O tipo dominante, com preferência de sentimento (S), é um indivíduo prático, interessado em fazer as coisas funcionarem. O tipo que tem o intuitivo (I) como dominante é uma pessoa de muitas ideias, que tenta moldar as coisas para o futuro. O tipo dominante emocional (F) é uma pessoa voltada para o relacionamento, que tende a cuidar dos outros. O dominante, baseado no pensamento (T), é uma pessoa mais sistemática, preocupada com a organização e a coerência dos aspectos teóricos.

A função dominante opera de forma diferente, a depender se as pessoas são introvertidas ou extrovertidas: com relação ao introvertido, atua em seu mundo interno; já com relação ao extrovertido, atua no mundo externo.

Voltemos agora ao exemplo dos dois seminaristas. Para compreender os aspectos dinâmicos da maneira como John, o mais velho, trabalha, devemos começar pela última letra do tipo INTJ. Ele prefere usar o julgamento (J) na relação com o mundo externo, enquanto na avaliação das coisas usa o pensamento (T), por isso, é um sujeito que observa o mundo externo de forma racional. A compreensão de Paul sobre John é de uma pessoa lógica e sistemática, interessada mais nos aspectos teóricos das coisas do que nas relações pessoais. Ele pode parecer objetivo, crítico e, às vezes, cético, quando toma decisões com certa frieza.

Olhando para a primeira letra do tipo INTJ, isto é, a letra I, notamos que sua preferência é pela introversão. Portanto, John é basicamente um introvertido, então o que você vê nele de fora (seu ser lógico e organizado – T) é sua função auxiliar.

Por fim, se observamos a preferência em perceber as coisas, ele tende a ser intuitivo (N). Isso significa que a função auxiliar do pensamento (T) é sustentada pela função dominante intuição (N), que, como introvertido, ele usa consigo mesmo, em seu mundo interior. Se conhecêssemos um pouco mais de John, diríamos que sua força está em sua natureza criativa, que lhe permite gerar ideias originais. A função auxiliar do pensamento lhe serve para explicar ao exterior as ideias produzidas pela função intuitiva (N) em seu mundo interior, usando o julgamento (J) para organizá-las sistematicamente, para que seja acolhida pelo meio no qual está inserido, quando tem de colaborar com os outros.

A colaboração com o mais jovem Paul concretiza-se não só porque estão de acordo com as diferentes preferências, aliás, muito semelhantes. Mas, sobretudo, quando têm que decidir o que é melhor em relação aos jovens que seguem na paróquia. Em tais circunstâncias, de fato, se, por um lado, John usa uma lógica de pensamento (T) que o leva a ser racional nas decisões tomadas, com sua sensibilidade, Paul o ajuda a considerar também a parte emocional (F) das escolhas, a fim potencializar os sentimentos dos paroquianos e das atividades de forma harmoniosa e satisfatória.

O perfil psicológico das novas vocações brasileiras

Em uma pesquisa desenvolvida no Brasil, com o apoio da CRB, núcleo Paraná, procuramos saber qual o perfil psicológico e o temperamento das novas vocações que estão no período da formação inicial (postulantado, noviciado, juniorato, seminaristas diocesanos).

Na formação inicial, a pesquisa nos indicou o temperamento psicológico sensação (S) e julgamento (J) – SJ. Os formandos com temperamento psicológico SJ tendem a alargar e aprofundar as suas perspectivas vocacionais; o aprofundamento vocacional recebido durante o processo formativo será uma norma, a partir da qual avaliarão posteriormente o desenvolvimento do seu ministério pastoral. Segundo Oswald e Kroeger (2014, p. 75), religiosos com temperamento psicológico SJ mostram-se sujeitos a qualquer tipo de autoridade, realidade confirmada pelas pesquisas (Sanagiotto, 2020a); durante a formação eles podem reclamar do que têm que aceitar, principalmente se a formação for excessivamente voltada para o conteúdo, mas continuarão, porque a instituição, que entendem como autoridade, assim o exige. Eles avaliarão a formação como excessivamente teórica, acreditando que não tem ressonância na realidade, mas, no entanto, ouvirão com atenção e levarão tudo em consideração.

O perfil psicológico mais frequente entre os religiosos que responderam à nossa pesquisa é o ESFJ (extrovertido, sensação, sentimento e julgamento). Na teoria junguiana, o tipo psicológico de orientação extrovertida (E) é caracterizado pela prevalência dos objetos sobre a consciência, uma vez que é de fora que vem a informação que vai determinar suas decisões. Uma estreita ligação com a realidade parece ser a forma mais eficaz de adaptação para quem tem esse tipo de orientação psicológica. Para essa orientação, a função auxiliar é sensorial (S): extrovertido sensorial (ES). Essa combinação garante que a primazia do objeto encontre sua expressão na realidade, pois "em todas as circunstâncias ele se sente à vontade apenas diante da realidade tangível".

À combinação perceptiva, ou seja, à sensação (S) com que a pessoa recebe e coleta informações circundantes, acrescenta-se o sentimento (F), que é a função com a qual as decisões são tomadas. A combinação SF torna o objeto o fator absoluto, que determina a maneira como o sentimento é expresso; e o sentimento assume um valor objetivo, capaz de se adaptar a diferentes situações (JUNG, 2011, p. 359). Isso, porém, não ocorre de forma desordenada, pois a orientação extrovertida (E) é pautada pelo julgamento (J), ou seja, possui uma organização que regula e controla os eventos com os quais estabelece relação e toma decisões.

A nossa pesquisa nos indica que, nos contextos formativos estudados, o perfil psicológico ESFJ e o temperamento psicológico SJ são os mais encontrados. Os formandos com temperamento psicológico SJ se concentrarão em enfatizar os fundamentos da religião e procurarão transmitir aos fiéis uma fé simples, com regras práticas e concretas para viver a vida cristã. As vocações com temperamento SJ tenderão a um certo tradicionalismo e trarão estabilidade e continuidade em todas as situações em que estiverem envolvidas, principalmente nos aspectos pastorais; desde o início de sua formação, darão prioridade às obrigações sociais, morais e espirituais, sendo capazes de propor planos sólidos, procedimentos claros e diretrizes precisas, esperando que outros os cumpram.

Os formandos com perfil psicológico ESFJ podem ser definidos como "sensíveis e responsáveis". Em geral, têm um interesse real no que os outros pensam e sentem e lidam com a realidade levando em consideração esses elementos. Eles podem apresentar uma proposta ou conduzir uma discussão em grupo com facilidade e tato. Pessoas com esse perfil são entusiastas, orientadas para o próximo, hábeis no trabalho em equipe, boas líderes e boas comunicadoras, sabem aproximar os outros em torno de um objetivo comum; amam organização e planejamento, são orientadas por objetivos e capazes de tomar decisões rápidas (Sanagiotto; Crea, 2021).

Um mapa cognitivo da personalidade

Que conclusões tirar dessas indicações sobre a diversidade de cada um e sobre os possíveis itinerários formativos? Resumimos isso nos pontos a seguir, destacando os "aspectos construtivos que efetivamente auxiliam o processo de crescimento, a partir da individualidade e do ser de cada um" (Crea, 2015, p. 173).

1. O ponto de partida para a aplicação da teoria dos tipos psicológicos em um programa formativo ou em um caminho de discernimento vocacional *é verificar qual é a orientação e de onde as pessoas extraem energia para satisfazerem as suas necessidades psicológicas*, seja do meio externo ou de dentro de si mesmas. Enquanto os extrovertidos consideram o que podem alcançar nos relacionamentos com outras pessoas e são recarregados pelo contato com situações externas, os introvertidos tendem a se concentrar em seu mundo interno e são "energizados" por seu mundo de conceitos e ideias.

2. A segunda etapa diz respeito às funções perceptivas, ou seja, *a maneira como os indivíduos recebem e processam as*

informações que obtém do ambiente, podendo fazê-lo por meio da sensação ou da intuição. Se favorecem os processos sensoriais, significa que tendem a dar prioridade aos fatos, tais como são percebidos na realidade. Se priorizam a intuição, isso significa que tendem a se referir a uma visão geral das coisas e a uma compreensão das outras possibilidades que podem surgir, ao se tomar a iniciativa de maneira criativa e perspicaz.

3. Além disso, questiona-se *como os indivíduos avaliam e tomam suas decisões*. Eles podem fazer isso com base no pensamento ou no sentimento. Quem prefere o pensamento, avalia a partir de uma lógica objetiva, impessoal e crítica. Por outro lado, se focam nos aspectos emocionais, significa que, ao avaliar as situações e tomar decisões, levam em consideração as pessoas e assumem uma atitude solidária e empática com o seu ponto de vista, nutrindo uma relação afetiva com os outros.

4. Por fim, quanto *à atitude que assumem perante o mundo externo*, podem privilegiar a tendência de impor uma estrutura e ordem, para que se sintam mais à vontade com aspectos rotineiros e com modelos de adaptação preestabelecidos. Ou podem enfatizar certa adaptabilidade às coisas, sendo receptivos e flexíveis em sua abordagem da vida, de modo que estejam abertos a coisas novas e apreciem as mudanças com espírito espontâneo.

A combinação das tendências entre as diferentes dicotomias, das *duas orientações* (extrovertido-introvertido), dos *dois tipos de percepção* (sensação-intuição), dos *dois tipos de avaliação* (pensamento-sentimento) e *dois tipos de atitude* em relação ao mundo (julgamento-percepção), permite delinear não só as características psicológicas do indivíduo, mas também sua forma de ativar os aspectos relacionais importantes no processo de discernimento, como a espiritualidade, a dedicação pastoral, a vida comunitária etc. Algumas combinações permitem observar como a pessoa integra as suas diferenças no impacto com o meio ambiente na qual está inserida, para prever sua capacidade de adaptação dentro de um projeto em que é solicitada a dar respostas adequadas.

Essa perspectiva possibilita agir para um possível crescimento da própria orientação vocacional, na consciência de um itinerário de crescimento que abre a pessoa para as potencialidades futuras, enfatizando a vitalidade do seu ser psicológico (suas preferências de caráter, sua história familiar, sua cultura...) e como ela pode usar melhor essas características para responder ao chamado de Deus.

Um caminho de vigilância que permite abrir-nos ao desígnio de Deus

Conhecer a pessoa engajada no caminho de discernimento vocacional ou já inserida em uma etapa específica da formação não só nos ajuda a identificar algumas características construtivas de seu temperamento, mas também nos permite vislumbrar como ela pode desenvolver sua individualidade na relação com o contexto que a cerca. Também possibilita identificar os seus pontos fracos, para poder integrá-los num projeto vocacional que exige uma resposta específica.

Essa perspectiva é fecunda na medida em que o indivíduo aprende a dar sentido às suas experiências de vida, tanto às suas potencialidades como às suas vertentes de caráter não adaptativo, redescobrindo as raízes do seu "poder ser" vocacional, da forma como ele usa suas próprias características.

Nesse sentido, os diferentes aspectos de si mesmo, seu tipo psicológico, identidade, traços de caráter, crenças sobre o mundo, estilo relacional, forma de viver a espiritualidade, bem como os aspectos disfuncionais do caráter, a parte "sombra", não serão mais vistos como categorias imutáveis e problemáticas que determinam o seu destino, mas como características de si mesmo que motivam o processo de desenvolvimento contínuo, específico de cada indivíduo, no seu caminho de abertura à vontade daquele que continua a chamar para construir o seu Reino.

A atenção aos aspectos norteadores, que caracterizam a diversidade de cada um, torna-se uma tarefa que se realiza ao longo do caminho formativo: reapropriar-se dos próprios dons, integrando-os operacionalmente no projeto vocacional, para colaborar no discernimento da vontade de Deus.

Como o pintor sabe fundir as diferentes cores para um todo unificado, também quem está em caminho de discernimento deve redescobrir os seus talentos, em vista do projeto vocacional, presente nas dobras da própria existência. "Cada pessoa, que se apresenta aos outros com a história da sua própria experiência, é um artista que pinta um rico quadro através do qual se revela com um pormenor que nenhuma experiência científica pode igualar; os detalhes são compostos em configurações que fazem sentido, nem sempre conscientes, para quem narra. O ouvinte pode descobrir a riqueza dessa imagem e também o que o pintor quer fazer com ela. Além disso, cada pessoa pinta quadros diferentes, de acordo com o contexto em que se encontra e de acordo com a forma como opta por criar sentido com as suas pinceladas; outros podem apreender esse significado e contribuir com informações importantes para o narrador, que permitem ao próprio artista tomar consciência da riqueza do quadro que está pintando" (Scilligo, 2002, p. 84).

Planilha para o discernimento: foco na personalidade

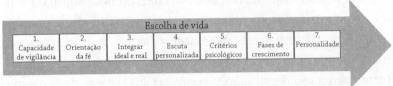

1. Escolha dez adjetivos que o descrevam "na melhor das hipóteses", ordenando-os de acordo com a importância que têm para você.

   _____
   _____
   _____

2. Escolha dez adjetivos que o descrevam "na pior das hipóteses", também, neste caso, ordenando-os de acordo com a importância que têm para você.

   _____
   _____
   _____

3. Agora, diga brevemente "quem você é", usando seus pontos fortes (os adjetivos "na melhor das hipóteses") e seus limites (os adjetivos "na pior das hipóteses"). Você pode usar apenas alguns dos adjetivos identificados nas perguntas 1 e 2.

   _____
   _____
   _____

VIII | A TOMADA DE DECISÃO E O CRESCIMENTO INTERPESSOAL NO PERCURSO DO DISCERNIMENTO

Em um percurso de discernimento, é importante estar atento aos comportamentos relacionais que se ativam entre os candidatos que fazem discernimento vocacional e aqueles que acompanham esse discernimento. O mesmo se poderia dizer dos contextos formativos, da relação entre formador e formando. Essa observação é importante para detectar a dinâmica intersubjetiva e, sobretudo, para colher os processos formativos subjacentes, que permitem reconhecer os sinais da vocação ao longo do percurso do acompanhamento vocacional.

A concepção da pessoa como fundamentalmente aberta à alteridade e ao transcendente e, portanto, em formação contínua por meio do encontro com outras pessoas significativas, permite apreender os pontos comuns entre o crescimento interpessoal e o amadurecimento de si mesma, que inclui a dimensão vocacional da própria existência.

Temos repetidamente enfatizado a importância dos processos relacionais no percurso do discernimento. Nos vários momentos de encontro (individual ou grupal), a pessoa que discerne a sua vocação tem a possibilidade de se reconhecer e ser reconhecida, através da dinâmica relacional que será ativada no contato com os outros. Essa troca de experiências possibilita examinar os aspectos motivacionais e orientadores que caracterizam o indivíduo em seu percurso de discernimento.

Além disso, a abordagem experiencial privilegiada, nas páginas deste livro, permite detectar nessas dinâmicas os propósitos que unem as pessoas em um mesmo fim: descobrir o desígnio de Deus e aprender a decidir sobre o que dá sentido à própria existência. Ao mesmo tempo, favorece a aquisição de um método construtivo de processos interativos, pois educa as pessoas para descobrir o significado proposital e intencional de coexistir.

Essa abordagem está em consonância com a perspectiva formativa, pois possibilita vislumbrar o princípio educativo que organiza o mundo intrapsíquico e motivacional do sujeito, graças à interação interpessoal. Com efeito, a presença do outro define os termos do diálogo e da troca de experiência, porque se compromete a esclarecer o desejo de responder ao chamado de Deus. Ao mesmo tempo, essa presença determina o limite, pois, na troca de experiência, a pessoa deve lidar com a diferença do outro e com os estímulos educativos que recebe, os quais se transformam em oportunidades de crescimento e escolha.

O relacionamento torna-se, portanto, a chave para interpretar a própria história de crescimento vocacional, pois é o lugar onde o desenvolvimento intrapsíquico e motivacional combina com a mudança interpessoal. "A função educativa não é tanto uma função do educador ou do aluno, mas sim uma função de relação entre as pessoas, visando a um propósito comum [...]. A atenção vai primeiro para os fluxos interativos e para as repercussões que eles têm no crescimento das pessoas" (Nanni, 2008, p. 976).

Segundo essa visão, a pessoa motivada, ao longo de todo o seu ciclo de vida, a relacionar-se com os outros coloca a sua evolução nos objetivos relacionais que facilitam o seu crescimento, sendo capaz de mudar o seu comportamento para atingir esses objetivos. Isso significa que, por meio de relações saudáveis, todo ser vivo pode melhorar seu sistema de adaptação para redescobrir, em um ambiente propício ao desenvolvimento da existência, os sinais do chamado de Deus.

Vínculos construtivos na perspectiva do acompanhamento vocacional

A capacidade de estabelecer relacionamentos significativos com os outros caracteriza e orienta o processo de adaptação da pessoa. De fato, à medida que cresce, pode estender a busca de proximidade e de distância com pessoas significativas, inserindo-se nos novos contextos relacionais que encontra (colegas, amigos, escola, parceiro, comunidade religiosa, espiritualidade...). Ao ampliar a oportunidade de crescimento, graças às novas e cada vez mais complexas configurações internalizadas, se estabelece o desenvolvimento de um ser único e irrepetível, sempre de acordo com a qualidade e a tonalidade afetiva das relações que estabelece com as pessoas significativas que lhe facilitam esse caminho de crescimento.

O trabalho de orientação vocacional está inserido nesse longo processo de crescimento que, como sublinhamos nas páginas deste livro, tem um caráter evolutivo, pois, no caminho do acompanhamento, o indivíduo continuará a adaptar suas necessidades internas às solicitações decorrentes das relações externas, avaliando e modificando o seu comportamento. Tudo isso acontece em uma perspectiva intencional que direciona as escolhas para uma resposta definitiva, diante dos muitos "porquês" da vida. Por meio das novas relações – como aquelas encontradas em um percurso no caminho de orientação vocacional ou nas etapas formativas –, o vocacionado ou o formando aprenderá cada vez mais a se diferenciar, e, ao mesmo tempo, a identificar seus próprios recursos, ora se deixando controlar benevolentemente nas relações, ora tomando a livre iniciativa de explorar os vínculos ou comportamentos a serem implementados ou até mesmo modificados.

Essa possibilidade de escolha, baseada nas competências colaborativas e na sintonização emocional e motivacional, será determinada pela capacidade do formando ou do vocacionado de se autoavaliar positivamente. Somente assim ele se sentirá apto para enfrentar os desafios decorrentes das etapas da sua formação, mas também capaz de administrar as dificuldades encontradas de forma construtiva.

"Somente quando a segurança pessoal está em um nível adaptado, a pessoa é capaz de se envolver em outros sistemas comportamentais, como exploração, altruísmo genuíno, cuidado com os outros, afiliação, que exigem a capacidade de se distanciar dos cuidadores, acompanhada pela profunda convicção de que esses estarão disponíveis, quando necessário" (Scilligo; Schietroma, 2008, p. 305). Se conseguir buscar apoio e segurança adequados nos momentos em que reconhecer que precisa, poderá experimentar, de forma construtiva, as novas situações, sabendo que pode pedir e obter o apoio emocional necessário para continuar o caminho de construção de uma autonomia saudável, para fazer as próprias escolhas de vida.

Se amadurecer uma concepção positiva de si mesma, porque é amada por Deus e, portanto, responsável pelas respostas significativas que pode dar, ela se perceberá capaz de ampliar suas experiências relacionais, superando os obstáculos que encontra, em uma escolha que envolva toda a vida. O bem-estar psicológico resultante disso será mediado por essa autoimagem positiva que ela faz crescer ao longo do desenvolvimento da sua existência.

Além disso, se essa capacidade de se identificar como pessoa amada for adequada e fortalecida por convicções internas positivas, poderá consolidar a capacidade de se orientar nas escolhas de vida. Tal identificação será capaz de satisfazer não apenas as próprias necessidades primordiais (segurança, afeto, estima...), mas também aquelas aspirações de desenvolvimento que caracterizam o discernimento e que a impulsionam a integrar as diferentes dimensões de si mesma, em perspectiva da própria identidade.

O sentido vocacional da existência na concretude do comportamento

Resumindo o que foi dito até agora, através de experiências relacionais positivas, o indivíduo aprende a fortalecer "modelos de funcionamento interno que lhe permitem reproduzir a si mesmo no encorajamentos e contenções construtivas que outrora vinham de fora" (Scilligo, 2000, p. 4), graças a relações amistosas que estimulem, incentivem e promovam o estabelecimento de limites protetores. Por outro lado, se ele viveu e continua a vivenciar, mesmo como adulto, estilos relacionais que são invasivos "e de má orientação ou de liberdade descuidada, as internalizações serão permeadas por experiências de invasão e iniciativas interpessoais prejudiciais à própria segurança e proteção" (ibid.).

Mesmo em um contexto de discernimento, cada indivíduo se apresenta aos outros com as histórias de suas próprias experiências relacionais e com as múltiplas facetas de seu modo de ser, "em uma coreografia de aspectos de si mesmo, que inspiram a permanência da relação e a convivência criativa, caracterizada por um equilíbrio entre variação e constância" (id., 2002, p. 4).

Dessa forma, cada um torna compreensível a sua própria narração interpessoal,[1] mantendo uma identidade duradou-

---
[1] Basta pensar nas diferentes ocasiões relacionais de um possível programa de discernimento, como momentos de conversa pessoal, atividades de grupo vocacional ou experiências de vida comum em um contexto residencial

ra, integrada e coerente, contribuindo, assim, para o fortalecimento de um "eu integrado" (ibid.), em que os sistemas motivacionais intencionais, coerentes no pensamento e nos sentimentos, que são próprios de cada pessoa, encontram espaço e se manifestam, por meio de um conjunto de comportamentos correspondentes.

O *self* integrado pode ser entendido como o organizador e o depósito dos diferentes aspectos da própria identidade, operacionalizados por meio de comportamentos interpessoais. Mais especificamente, é "uma rede de potenciais significados, valores, normas de ação com valor afetivo, emergindo criativamente da experiência, no horizonte de uma tendência fundamental de quem se projeta para o futuro, no contexto de uma dotação genética, no contexto presente e passado de seu mundo, físico, interpessoal, social e cultural" (id., 1998, p. 14).

Essa integração dos aspectos psicológicos expressivos de si mesmo com os de caráter mais intencional e prospectivo, vinculados aos valores e princípios últimos da existência, entendida como planejamento vocacional, facilita a consolidação das motivações profundas que norteiam e orientam toda busca vocacional.

O indivíduo participa plenamente dessa tarefa integradora entre psiquê e perspectiva vocacional em dois níveis: (1) "individualmente", com sua história feita de escolhas, incertezas e dúvidas, porém, com uma capacidade criativa de reconstruir as

---

de discernimento comunitário. Além, é claro, de experiências formativas externas, como atividades pastorais, a relação afetiva com os entes queridos, a relação com a própria família ou com os diferentes contextos de pertença cultural. Todas essas são áreas nas quais a pessoa se revela, manifestando-se em seu estilo relacional. Mas são também oportunidades de observação, para quem trabalha no campo do discernimento, para avaliar a congruência dessa narrativa com os ideais vocacionais professados.

experiências da vida; (2) "comunitariamente", pois é um "projeto de comunhão", que, através dos encontros interpessoais, promove um modo de pensar, falar e agir, que faz crescer em profundidade a história vocacional, com a contribuição daqueles que o ajudam nesse caminho de redescoberta da vontade de Deus. As relações interpessoais passam, então, a ser parte integrante desse processo de amadurecimento humano-vocacional, porque é no diálogo e nas relações que as pessoas se abrem à compreensão do sentido último que motiva as suas escolhas de vida.

A maneira de proceder nesse desenvolvimento "individual" e "comunitário" depende dos processos de exploração e regulação com os quais os sujeitos interagem em seus laços interpessoais. Mais especificamente, a observação das diferentes dimensões de si mesmo, operando no comportamento interpessoal, permite compreender não só o significado funcional (psicoafetivo) das escolhas do indivíduo,[2] mas também o valor intencional[3] dessas escolhas, por ser modulado pelo sentido transformador da relação, em que esse indivíduo aprende a discernir os sinais do chamado juntamente com aqueles que o orientam.

É no nível interpessoal que é possível apreender a perspectiva do sentido das escolhas, pois, nos aspectos motivacionais emergentes da relação intersubjetiva, o indivíduo

---

[2] Daí sua capacidade de se adaptar e assumir comportamentos adequados e consistentes (de gentileza, abertura ao próximo, dedicação, cuidado) com o estilo de vida que está prestes a escolher.

[3] Nesse caso, trata-se de uma "intencionalidade comunitária", partilhada com aqueles que têm a tarefa de orientar o processo de discernimento. A intencionalidade vocacional não é apenas um fato individual, mas um discernimento comum, parte daquela espiritualidade de comunhão que nos permite distinguir os sinais da presença de Deus na vida do homem.

manifesta seu ser criativo e projetual, com o qual pode "conectar" o sentido vocacional da existência, na concretude dos comportamentos que ele manifesta no decorrer de um processo de discernimento vocacional. Chamado por vocação à relação de comunhão com Deus, é no espaço humano das relações interpessoais que o indivíduo poderá redesenhar os contornos dessa comunhão, descobrindo os sinais do chamado no espaço interpessoal do processo de discernimento.

No percurso do discernimento, esse nível de observação tem um valor altamente formativo, pois "as intervenções educativas que dele decorrem estarão abertas ao domínio das possibilidades, e se traduzirão numa prática educativa dialógica e narrativa, fundamentalmente orientada para a mudança, entendida como abertura à novidade, modificabilidade, pluralidade e integração de caminhos alternativos de melhoria" (Crea, 2020, p. 26). É aqui que, quem tem a tarefa da pastoral vocacional, deve dispor de uma vigilância particular que poderíamos definir como "diagnóstica" (Crea, 2019; Specht, 2017), pois é uma competência que permite apreender a continuidade da estruturação de um *self* progressivamente estruturado na variabilidade interpessoal.[4]

De fato, a atenção ao comportamento interpessoal ajuda a detectar aquelas mudanças intencionais que emergem do processo de interação, que são consistentes com as escolhas de vida de alguém. Possibilita também diferenciar uma intenção meramente ideal de resposta vocacional, de um modo real de

---

[4] A observação "diagnóstica" é aqui entendida como uma tarefa educativa, porque está ligada aos processos de crescimento da pessoa. Não se trata de identificar as categorias de amadurecimento alcançadas de forma estável pelo sujeito que faz o discernimento, mas, sim, de zelar pela sua capacidade de ativar um método "aperfeiçoador" de orientação vocacional, ligado às escolhas que faz ao longo do caminho e pelas quais se sente responsável.

viver o discernimento, marcado por escolhas envolventes e desejadas pelo sujeito, mas também confirmadas pelo diálogo formativo.

A consideração descritiva e aquelas vindas da observação das relações interpessoais serão muito úteis no processo de discernimento, pois proporcionarão, a quem busca por uma vocação, que se manifeste como é, com suas qualidades e com suas fraquezas; ao mesmo tempo, permitirão ao formador discernir e avaliar os diversos sinais de disponibilidade ou momentos de incongruência, agindo num contexto de confiança mútua.

O discernimento dos sinais vocacionais no comportamento interpessoal

Depois desta introdução, queremos oferecer algumas indicações metodológicas que ajudam a olhar as relações em uma perspectiva educativa, necessária durante o caminho de acompanhamento, em vista de um discernimento vocacional.

Quem está encarregado de acompanhar o discernimento dos vocacionados tem a tarefa de reconhecer o que acontece durante o acompanhamento e de avaliar como tudo que foi observado se integra na perspectiva da escolha vocacional. São aptidões psicoeducativas que ajudam a identificar, na relação com quem discerne uma vocação, os reais sinais de disponibilidade para acolher o desígnio de Deus. É um trabalho de vigilância e de sensibilização, reiteradamente solicitado pelo Magistério da Igreja: a observação da realidade e dos fenômenos psíquicos está necessariamente correlacionada com a atenção aos processos de crescimento motivacional e projetual da pessoa.

Esse enfoque nos permitirá avaliar a modificação real e o crescimento interno do vocacionado ou de alguém que já está inserido no percurso formativo. É um trabalho exigente, que não se pode limitar apenas aos conteúdos a transmitir (catequese, espiritual, formação ao carisma etc.), mas que deve incluir, também, os aspectos afetivos e relacionais que emergem do modo de estar juntos (formador e formando, formando e formando) ao longo do caminho do discernimento. Pois é ao longo do caminho da vida – onde as pessoas se encontram e reconhecem nas suas diferenças – que se faz possível distinguir os sinais do chamado de Deus, que se revela na vitalidade das numerosas adversidades da existência.

O modelo apresentado nestas páginas refere-se à capacidade de analisar as "unidades comportamentais" na relação formador-formando, para detectar as transformações que ocorrem na pessoa em discernimento vocacional, ligando, assim, as estruturas motivacionais de si mesma (que são habilitadas no nível intrapsíquico) às dinâmicas relacionais que se desenvolvem no contexto das relações interpessoais (ao nível das conversas pessoais ou no acompanhamento dos vocacionados de uma diocese ou de uma congregação religiosa).

A contribuição educativa de quem faz o discernimento pode facilitar estilos de crescimento já vivenciados pelo sujeito, principalmente se ele teve um ambiente emocionalmente positivo, que lhe permitiu estruturar uma visão adequada e amorosa de si mesmo. Mas, também, pode modificar modelos relacionais internalizados que não estão totalmente harmonizados com uma capacidade saudável de fazer escolhas na vida.

Todos aprenderam a ter comportamentos que variam entre a capacidade de se identificar com uma liberdade protetiva e o medo de restar preso no emaranhado de atitudes de dependência e adaptação passiva e autolimitante. A variação dessas oportunidades encontra-se nas relações interpessoais que se estabelecem, e é sustentada por modelos educacionais anteriores, bem como por perspectivas vocacionais futuras.

O trabalho de discernimento pode facilitar a construção de um mapa desses esquemas que poderíamos resumir como reguladores e exploratórios, que configuram o modo de estar junto e o modo de ser de cada um. Esse mapa "descreve as experiências intrapsíquicas em termos de habilidades em criar e aceitar limites, de dar e dar-se a si mesmo direção e orientação, mas também em termos de habilidades para tomar a iniciativa e agir de forma independente. As duas competências implicam a capacidade de gerir o poder para consigo e para com os outros, e a capacidade de viver esse processo de acordo com uma afetividade gratificante e capaz de tolerar a frustração" (Scilligo, 2000, p. 3).

Em todos os programas de acompanhamento vocacional (grupos vocacionais, postulantado, juniorato, conversas de orientação vocacional, grupos paroquiais, grupos de formação...), é possível prestar atenção nas ações que se desenvolvem nas relações de uns com os outros, traçando uma espécie de mapa descritivo do estilo relacional ativado pela pessoa, com o qual se modela e, ao mesmo tempo, está em sintonia com seu próprio projeto de vida.

As dimensões dos comportamentos interpessoais

O modelo de análise que consideramos neste capítulo[5] explica a ligação entre o comportamento relacional e o mundo interior que o indivíduo constrói a partir de sua própria maneira de tecer relações com os outros. Como vimos no capítulo

---

[5] Definido por Benjamin (1974) como "Análise estrutural do comportamento interpessoal".

VII, o autoconhecimento facilita a capacidade de explorar e valorizar os aspectos positivos e intencionais da personalidade de alguém.

Em continuidade, queremos aprofundar como essa exploração é possível, graças ao processo interativo, pois é no relacionamento recíproco que podemos identificar os esquemas transformadores subjacentes à dinâmica interpessoal. De fato, por meio da consciência relacional, a pessoa pode remodelar os processos de *exploração* e *regulação* afetiva, criando comportamentos que facilitam níveis adequados de autoidentificação nas relações recíprocas.

Em termos mais concretos, toda troca de experiência que fortaleça a autenticidade das relações ajuda a ampliar a visão que o indivíduo tem de si mesmo e do mundo, definindo um estilo interpessoal em sintonia com os princípios vocacionais que emergem ao longo do caminho do discernimento. Esse processo de transformação não só molda as relações em termos pró-sociais, mas também a forma de viver concretamente as escolhas vocacionais.

Tudo isso se traduz em comportamentos interpessoais que podem ser descritos por meio de duas dimensões básicas: uma, relativa à capacidade de agir, entendida como a capacidade reguladora entre si mesmo e os outros, a qual recebe o nome de **interdependência**; a outra diz respeito ao aspecto afetivo, entendido como a capacidade reguladora entre afetos positivos ou negativos, que recebe o nome de **afiliação**: "as duas dimensões definem um espaço dentro do qual é possível identificar inúmeras posições interpessoais e intrapsíquicas" (Scilligo, 1998, p. 99).

Ambas as dimensões estão ligadas aos processos de crescimento do indivíduo. No modo de viver a interdependência

– entendida como a relação entre o Eu e o Tu – e a afiliação – entendida como forma afetiva de se relacionar positiva e negativamente – se aprende a discernir os aspectos de valor necessários para fazer escolhas de vida. Essa dinâmica pode ser reproposta e descrita por meio das muitas oportunidades intersubjetivas que caracterizam um percurso de discernimento.

Vejamos do que se trata. Em cada interação, podemos distinguir quem toma a iniciativa (que poderíamos definir como aquele que propõe a ação, o **proponente**), quem pode fazer isso, favorecendo a ação do outro,[6] ou, ao contrário, quem pode limitar esse outro em suas oportunidades de interação. Além disso, a pessoa pode agir de forma amorosa e acolhedora ou, então, de maneira odiosa e irritante, dependendo de como se apresenta: com uma atitude de afetividade positiva (na direção do amor) ou com uma afetividade negativa (na direção do ódio).

Tomemos o exemplo de um irmão religioso que é formador no postulantado e trabalha como enfermeiro em um hospital. Um dos formandos fica gripado, necessitando ficar de cama por alguns dias. O formador, de maneira educada, pergunta a ele se está tomando o remédio. Nesse caso, o formador é o *proponente*, pois toma a iniciativa (com comportamentos específicos) para que o formando faça uso do remédio. O formando doente é quem responde (*respondente*), pois, com sua conduta, ele se submete, aceitando o conselho de tomar o remédio. Imaginemos o diálogo entre eles.

Formador: Vim trazer o xarope para você. Vejo que está bem melhor! Verá que este medicamento irá ajudar a curar sua tosse.

---

[6] Na relação, o indivíduo pode regular a ação intersubjetiva, "dando poder" ao outro para agir contra ele, ou, ao contrário, "tomando poder" e sendo um protagonista ativo.

Formando: Ah, o xarope! Quase esqueci. Fico feliz que tenha vindo para me lembrar. Vou tomá-lo, sim! Desde que comecei a tomar esse xarope, a minha tosse melhorou. Obrigado!

A relação entre os dois pode continuar no mesmo tom: o formador continua a ser atencioso, enquanto o formando se deixar cuidar por ele, seguindo suas indicações cuidadosas. Por exemplo:

Formador: Percebeu que sua febre baixou? Mas fique na cama por hoje e evite se cansar. Se você se sentir melhor amanhã, poderá se levantar.

Formando: Obrigado! Eu realmente preciso descansar um pouco mais. Sinto que será bom para mim.

Ambos se relacionam apoiando-se mutuamente: o formador-enfermeiro, com atitudes relacionais de "controle amoroso", toma a iniciativa e orienta o formando doente. O formando, respondendo, se submete com amor, pois se sente protegido pelo cuidado do formador, que é enfermeiro.

Os relacionamentos geralmente se desenvolvem em uma rápida alternância de posições, entre o *proponente* e o *respondente*, entre as pessoas que estão interagindo. A observação e a consciência das ações correguladoras permitem responder às expectativas mútuas, mas também fortalecem os laços inerentes ao valor da sua experiência relacional.

Processo de corregulação e fortalecimento motivacional no crescimento vocacional

A partir da forma como os indivíduos reagem nas relações interpessoais, é possível detectar um estilo com o qual cada um está acostumado a se relacionar com o outro. Esse é um padrão

Aspectos psicológicos do discernimento vocacional

não apenas previsível, mas também modificável, na direção de um crescimento positivo, na medida em que os interlocutores têm consciência do que está acontecendo em seu relacionamento.

Por exemplo, dependendo de como a pessoa – como *proponente* – se posiciona junto às variáveis de *interdependência* e *afetividade* (no caso do formador-enfermeiro, com atitude de controle amoroso (ver em negrito **"proteger"**, no canto inferior direito no esquema da figura 1), isso permite prever uma resposta correspondente do outro (de submissão igualmente amorosa), ou seja, na mesma direção e no quadrante equivalente do *proponente* (ver a formulação sublinhada "ser ajudado, ter confiança", na figura 1).

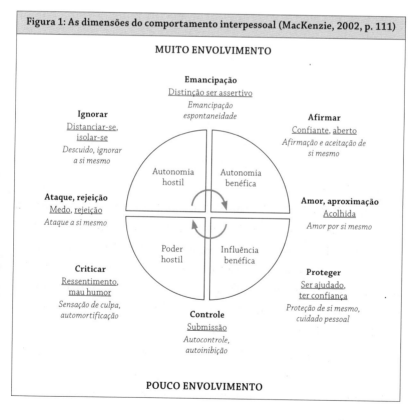

Figura 1: As dimensões do comportamento interpessoal (MacKenzie, 2002, p. 111)

Ao mesmo tempo, a consciência desse intercâmbio pode trazer novos significados, à medida que as pessoas avançam no caminho de exploração e regulação de seu relacionamento, por meio da reconstrução e do processamento das experiências interpessoais. Dessa forma, elas aprendem a prosseguir em direção a objetivos comuns, usando os recursos de que dispõem da melhor maneira possível. De fato, o processo de orientação vocacional encontra a sua expressão prática na capacidade de corregulação entre quem conduz um caminho de discernimento e quem se deixa conduzir. O caminho do discernimento ajuda a redescobrir os sinais construtivos de si mesmo, através da relação caracterizada pela atenção, compartilhada nos aspectos motivacionais, que influenciam a decisão (de tomar o medicamento), e volitivos, que determinam o compromisso (em tomar o medicamento e descansar) que emerge na relação.

Esse intercâmbio não é apenas funcional para a relação entre os dois interagentes, mas influencia a imagem que a pessoa tem de si mesma. Se o relacionamento for positivo, ela se sente adequada nas escolhas que faz. Para entender essa dinâmica, tomemos outro exemplo de situação relacional, em uma casa de formação.

Imaginemos que Clotilde, uma postulante recém-chegada à casa de formação, vem até a madre superiora com um problema comunitário que não consegue resolver. Juntamente com o problema, também apresenta opções de como solucioná-lo, porém, não consegue escolher a mais adequada. A formadora a ouve e considera ser importante dar-lhe conselhos explícitos, que terão influência nas suas escolhas.

Como *proponente*, a formadora aproveita a oportunidade para administrar o relacionamento, agindo de forma amorosa e protetora, dando a Clotilde um direcionamento sobre como proceder. Depois de ouvi-la, a postulante afirma achar sua sugestão boa, explicando o porquê e acrescentando outros elementos sobre como pretende colocar em prática as indicações que recebeu. Isso significa que, como *respondente*, ela se sentiu acolhida e cuidada com amor, e isso reforçou sua disposição em aceitar os conselhos da formadora.

Ao mesmo tempo, essa troca de cuidados benevolentes molda a maneira de ver e se aceitar da postulante, ou seja, as representações que introjeta em si mesma (ela se sente tranquila e sabe que pode confiar na formadora), e consolida suas habilidades interiores, estimulando-a a explorar outras possibilidades.

De fato, dependendo do valor afetivo das vivências relacionais num percurso de discernimento e, também, de como o indivíduo regula a iniciativa entre autonomia e submissão, é que o seu mundo interno é modelado e expandido (este que nós chamamos *introjetado*[7]), consolidando-se as convicções de valor que motivam escolhas significativas (figura 2).

As funções autorreflexivas têm um caráter intrinsecamente interpessoal e encontram sua expressão no pensamento, na linguagem e no diálogo, bem como na expressão comportamental. Desse modo, a função orientadora do discernimento é fruto de um trabalho conjunto de conhecimento e de perspectiva entre o formador e o formando.

---

[7] O *introjetado* representa o mundo interior do indivíduo, construído criativamente, com base nos estímulos derivados de importantes processos interpessoais vivenciados em sua vida. Essas experiências intrapsíquicas podem descrever "as experiências intrapsíquicas em termos de habilidades em criar e aceitar limites, de dar e dar-se a si mesmo direção e orientação, mas também em termos de habilidades para tomar a iniciativa e agir de forma independente" (Scilligo, 2000, p. 3).

Há, portanto, uma relação entre os comportamentos interpessoais e aqueles que descrevem o mundo das potenciais expressões motivacionais do eu intrapsíquico. Por meio de um relacionamento seguro, a pessoa se sente encorajada a explorar os aspectos de si mesma que emergem do diálogo formativo. Isso a ajuda a fazer considerações sobre si mesma mais articuladas e aderentes à sua experiência de compartilhamento de atenção mútua.

No exemplo anterior, sentindo-se ouvida pela superiora, a postulante se vê aceita em suas necessidades e, também, no que diz respeito aos aspectos motivacionais e volitivos de suas escolhas, o que fortalece seu senso de segurança interior. Além disso, comportamentos interpessoais complementares, como no exemplo apresentado, permitem prever qual será a reação internalizada do sujeito.

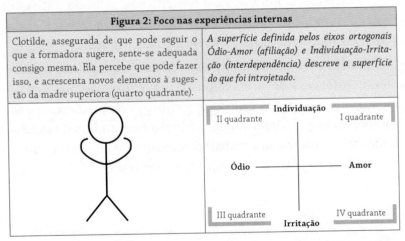

Figura 2: Foco nas experiências internas

Clotilde, assegurada de que pode seguir o que a formadora sugere, sente-se adequada consigo mesma. Ela percebe que pode fazer isso, e acrescenta novos elementos à sugestão da madre superiora (quarto quadrante).	A superfície definida pelos eixos ortogonais Ódio-Amor (afiliação) e Individuação-Irritação (interdependência) descreve a superfície do que foi introjetado.

Até a formadora, ao ouvir a reação da postulante, sente certo alívio, porque nota que a ideia que teve foi bem-aceita, pela forma como Clotilde a pôs em prática. Isso significa que, ao dar esse conselho, ela também se sente adequada consigo mesma. Portanto, a troca interpessoal a ajuda também, no sentido de moldar suas representações introjetadas, reafirmando sua capacidade de escuta atenta e proativa. Seguindo em frente, ambas podem apreender os aspectos construtivos do processo interativo, partindo da confiança mútua que continuará a se consolidar entre elas.

Suponhamos, porém, que, alguns dias depois, a postulante venha dizer que conseguiu resolver o problema que tinha na comunidade, mas que agora estava enfrentando uma situação semelhante com os jovens da paróquia onde faz apostolado e, mais uma vez, não sabia o que fazer. Nesse ponto, a madre superiora responde:

> **Madre superiora:** Se entendi direito, você conseguiu administrar as dificuldades da comunidade! Claro que na paróquia pode haver dificuldades semelhantes e, pelo que me disse, parece que não é um contexto fácil de gerir. O que você pode fazer para melhorar a situação? Existe alguém a quem pode pedir ajuda, como fez comigo?
>
> **Postulante:** Só agora pensei nessa possibilidade. Na verdade, conheço as pessoas com quem trabalho há muito tempo e elas me conhecem também; posso contar-lhes o que aconteceu. E, então, se eu precisar de apoio, posso pedir ajuda a alguns dos catequistas mais velhos, pois tenho um relacionamento muito bom com alguns deles.

Nesse caso, a formadora toma a iniciativa de "emancipar" a postulante, dando-lhe a oportunidade de gerir a situação, e o faz de forma amorosa e acolhedora (primeiro quadrante, entre a *Liberdade* e o *Amor*, à esquerda na figura 3), de forma que ela possa tomar uma decisão sobre seu trabalho com os jovens, a partir de suas habilidades, como fez na comunidade. Ao que a postulante responde, assumindo o poder de forma assertiva e autônoma, expressando-se livre e cordialmente sobre as suas intenções (ver os polos *Autonomia* e *Amor*, à direita na figura 3).

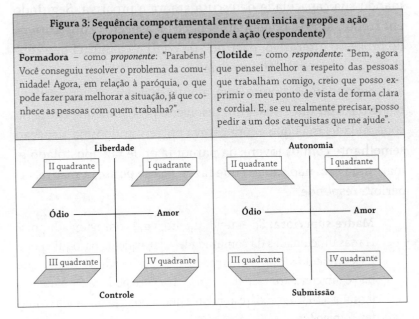

Dessa forma, a postulante sente que pode arriscar um pouco mais, então ela confirma seu senso de adequação, ao decidir enfrentar as dificuldades paroquiais, e isso fortalece seus aspectos motivacionais internos (o *introjetado* – figura 2).

A superfície do *introjetado*, portanto, representa o mundo motivacional interno que o indivíduo constrói à medida que cresce nos processos interpessoais. Reflete as importantes experiências relacionais interpessoais já vivenciadas no passado, mas que se repetem no presente, por meio da relação com outras pessoas significativas que encontra em seu caminho de crescimento.[8]

---

[8] Como pudemos observar nestas páginas, a relação entre quem conduz o percurso de discernimento e quem busca por uma vocação é concebida

"Tais comportamentos integrados podem ser descritos em termos de maturação psicológica, o que implica o surgimento de níveis adequados de identificação e manutenção de um nível apropriado de aprendizado, por meio de um processo de internalização da experiência relacional" (Scilligo, 2004, p. 127-128). No caso do exemplo anterior, a postulante introjeta reflexos positivos que reforçam uma forma positiva e confiável de se observar.

Como as relações recíprocas facilitam o crescimento vocacional

As relações recíprocas convidam cada um dos interagentes a responder em sintonia empática, um com o outro. O princípio geral desse processo de complementaridade é que o comportamento positivo tende a suscitar um comportamento igualmente positivo no outro, assim como o comportamento negativo tende a suscitar um comportamento negativo como resposta.[9]

No percurso do discernimento, essas dinâmicas têm um valor educativo muito importante, pois permitem, através da melhoria construtiva da relação, aprofundar a procura autêntica dos sinais vocacionais, dando, assim, continuidade à capacidade de decisão do sujeito.

Por exemplo, imaginemos, em uma conversa de acompanhamento vocacional, um formador e um candidato a entrar

---

essencialmente como uma relação educativa, o que facilita o crescimento da pessoa em saber reconhecer os sinais da presença de Deus em sua vida.

[9] Pode ser útil referir-se à dinâmica complementar entre os estados de ego daqueles que estão em interação, conforme definido na primeira regra de comunicação da análise transacional: essas dinâmicas podem continuar indefinidamente e reforçar a previsibilidade dos comportamentos.

na vida religiosa ou no seminário diocesano. O formador escuta com interesse e cordialidade o que esse candidato está dizendo sobre a sua experiência pessoal.

Seria útil ficar de olho na figura 1, que já mencionamos nas páginas anteriores, onde o mapa dos esquemas regulatórios e exploratórios que modelam o comportamento interpessoal é representado por meio da descrição de ações observáveis. Se notarmos o lado direito da figura, ambos os sujeitos em interação (formador e candidato) são posicionados no quadrante superior direito (afirmar; estar confiante, aberto; autoafirmação e aceitação de si mesmo).

Na figura, cada expressão em negrito é uma ação do *proponente*. A escuta cordial e ativa do formador leva o candidato não apenas a se comunicar, mas também a explorar mais a sua própria experiência (na figura 1 as palavras sublinhadas se referem à ação do *respondente*) e a ouvir a si mesmo por meio da história, tendo a certeza de que sua autorrevelação é recebida cordialmente pelo formador. Desse modo, o candidato fortalece e molda o que foi introjetado, no sentido da aceitação de uma escuta benevolente de si mesmo (a parte em itálico, referente ao introjetado, voltado para dentro).

Nesse ponto, podemos resumir o esquema de complementaridade dos comportamentos interpessoais: o que está em negrito e o que está sublinhado são complementares.[10] O que está em negrito corresponde em termos de filiação e interdependência, mas são complementares entre quem propõe a ação e quem responde, se um dos dois está focado no outro e o outro em si mesmo. Por exemplo, se o formador está focado no candidato, e o candidato está focado em si mesmo, então o

---

[10] Por exemplo, afirmar e validar é complementar a ser confiante e aberto; o amor ativo é complementar ao amor e à autoaceitação etc.

formador e o candidato estão focados na mesma pessoa. Nesse caso, tendo uma superfície complementar e correspondendo, exatamente, em a*filiação* e *interdependência*, eis que são plenamente complementares.

Em nosso exemplo, se o candidato tem um comportamento responsivo, que é complementar à escuta ativa do formador (afirmar, validar), ele tenderá a se sentir mais seguro, confiante e aberto (canto superior direito da figura 1), continuando a recontar a si mesmo e a sua vocação. Além disso, a escuta do formador molda ou fortalece o que foi introjetado pelo candidato, porque, com essa troca relacional, ele aprenderá a afirmar seus sucessos, mas também a reconhecer seus medos ou fracassos; assim como aprenderá a aceitar-se de forma realista, sem falsas idealizações (*afirmação e aceitação de si*), confirmando uma imagem realista de si mesmo como adequada, nesse caminho de discernimento.

Portanto, as ações complementares não só modelam as respostas recíprocas no sentido de previsibilidade, mas contribuem para delinear os aspectos motivacionais internos (o *introjetado*), como vimos no exemplo do formador que escuta o candidato que partilha o seu percurso de discernimento. Essa modelagem passa a ser a base para o desenvolvimento de novos comportamentos que possibilitem o fortalecimento da imagem que cada um tem de si mesmo. Assim, o indivíduo será capaz de consolidar o que foi introjetado como positivo, a partir do momento em que se acostuma a estabelecer comportamentos complementares que reforcem a autoestima e o senso de adequação.[11]

---

[11] "Com base na característica da complementaridade, podem ser feitas previsões sobre quais os comportamentos que podem ser provocados ao iniciar uma intervenção: em geral, todo comportamento proposicional tende a produzir o

As pessoas em interação vão consolidar um estilo relacional que lhes permita entrar em sintonia com uma projetualidade vocacional, conforme os comportamentos reais nos quais possam apreender os aspectos de valor que são congruentes com as escolhas possíveis a serem feitas. A compreensão relacional que dela deriva será coerente com aquela espiritualidade de comunhão que qualifica o trabalho de discernimento, permitindo que os interlocutores avancem para uma melhor compreensão do projeto de vida em que um vocacionado ou formando está empenhado.

Quando a escolha vocacional está impregnada por motivações superficiais

Quando as interações recíprocas são negativas, a pessoa cria uma visão de si mesma e de seu modo de se relacionar tendo por base os aspectos mais superficiais e fictícios de seu caráter. Devemos ter muito cuidado quando isso ocorre, pois, nesse caso, a complementaridade de comportamentos entre a pessoa que está sendo formada e o formador não só reforçará os aspectos neuróticos do que foi introjetado, mas também contaminará os objetivos do percurso vocacional. Os propósitos do discernimento não serão mais centrados na busca dos autênticos sinais vocacionais, mas em um estilo de adaptação passiva e disfuncional, que provavelmente já no passado havia reforçado crenças negativas sobre si mesmo e os outros, gerando respostas insatisfatórias, que posteriormente resultarão em escolhas e estilos de vida inadequados.

---

seu complemento. A ação interpessoal, representada por dois comportamentos complementares, também nos permite predizer qual será o introjetado que se cria em decorrência desse comportamento" (Scilligo, 1993, p. 21).

Aspectos psicológicos do discernimento vocacional

Para entender como as atitudes entre o *proponente* e o *respondente* podem ser particularmente negativas para um percurso vocacional, apresentamos o exemplo a seguir. Imaginemos um encontro de avaliação do percurso de discernimento vocacional, entre um diretor espiritual (*proponente*) e um seminarista diocesano (*respondente*). Para uma compreensão mais clara, pedimos ao leitor que tenha em mente a figura 4, em que o diretor espiritual *proponente* é representado à esquerda e o formando *respondente* à direita.

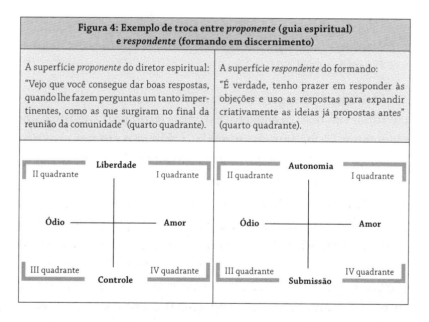

Diretor espiritual *(proponente)*: O que disse durante a reunião foi muito útil. As respostas que deu às observações que outros fizeram a você também foram adequadas.

Formando *(respondente)*: É verdade, gosto de responder às críticas que fazem a mim, porque isso me ajuda a crescer. Assim, procuro considerar as observações que me são feitas.

Se o diretor espiritual inicia a ação com comportamentos de controle benevolente para com o outro, o formando tenderá a responder com um comportamento de aceitação amorosa dos limites protetores que lhe são propostos. Vamos ver, no exemplo a seguir, como essa troca pode ser representada.

> **Diretor espiritual** *(proponente)*: Em sua partilha, você propôs três aspectos muito interessantes, e eu sugeriria que, da próxima vez, também pudesse compartilhar um quarto aspecto, sobre o qual falamos em nosso encontro de direção espiritual anterior, lembra?
>
> **Formando** *(respondente)*: Sim, certamente acho importante falar sobre isso em um próximo encontro; no entusiasmo, simplesmente esqueci...

A frase: "Eu sugeriria que, da próxima vez, pudesse compartilhar um quarto aspecto" estimula o comportamento complementar: "Acho importante falar sobre isso em um próximo encontro", o que encoraja o formando a modificar seu comportamento com novas possibilidades.

Vejamos agora a situação pelo lado negativo, quando as pessoas trocam desvalorizações mútuas que prejudicam a clareza motivacional. Também nesse caso há um fortalecimento das posições de cada uma das partes interagentes e, portanto, uma consolidação das próprias convicções, mas na direção de uma adaptação superficial e não coerente com as escolhas vocacionais.

Se o diretor espiritual se apresenta como um *proponente* com comportamentos de controle odioso e crítica desvalorizadora (terceiro quadrante à esquerda na figura 4, do lado do *proponente*, entre ódio e controle), esse comportamento irá estimular uma reação do formando com comportamentos caracterizados de culpa e autocrítica (terceiro quadrante, na parte esquerda da figura 4, por parte do *respondente*, entre submissão e ódio). Vamos voltar ao nosso exemplo:

> **Diretor espiritual** *(proponente)*: Você fez um discurso que mais parecia um emaranhado de palavras sem sentido, pois não disse nada realmente útil para os ouvintes.
>
> **Formando** *(respondente)*: Tem razão, falei ao acaso, dizendo coisas só por falar, sem pensar muito... improvisando. Basicamente é isso que faço de melhor.

Assim, à crítica contundente do diretor espiritual segue um comportamento de aceitação passiva por parte do formando, com a consequente atitude de autodepreciação e com uma tentativa desajeitada de defesa e justificação.

Suponhamos, em vez disso, que o diretor espiritual apresente comportamentos caracterizados pela liberdade, combinada com descuido e desatenção (quarto quadrante à esquerda na figura 4, entre *Liberdade* e *Ódio*). Provavelmente, o formando reagirá com comportamentos de autonomia rebelde, destrutiva ou imprudente. Nesse caso, o diretor espiritual pode começar (quarto quadrante à esquerda na figura 4, entre *Autonomia* e *Ódio*):

> **Diretor espiritual** *(proponente)*: Sabe o que penso a respeito do que diz durante as reuniões de comunidade? Você é muito bom em falar o que quer, sem que ninguém entenda nada. Mas, graças a Deus, conseguiu quebrar o gelo, caso contrário, ninguém teria começado... Se todos fossem como você...
>
> **Formando** *(respondente)*: Eu sei como agir, quando preciso falar algo em nossas reuniões! Montei um esquema, e isso é muito bom para mim. De qualquer forma, quando essas reuniões acontecem, ninguém realmente escuta nada.

Essa atitude desdenhosa e ilógica para consigo mesmo e para com os outros pode, com o tempo, produzir outras reações negativas, não só por parte do diretor espiritual, mas também dos outros seminaristas da etapa formativa. Na verdade, quando a pessoa recebe a confirmação de que seu comportamento superficial é aceito, ela reforça dentro de si a parte mais negligente e desresponsabilizadora de seu caráter. E, se esses comportamentos superficiais se estendem até a forma de discernir os sinais vocacionais (como: "Não se preocupe: mesmo que você não tenha certeza da sua escolha, continue, então veremos..."), as condições disfuncionais podem comprometer não só o processo formativo, mas também a clareza da resposta vocacional.

Essas dinâmicas são muito comuns em contextos e relacionamentos formativos, principalmente quando os aspectos disfuncionais de um vão em busca das dimensões negativas da personalidade do outro. Por exemplo, se na comunidade alguém se apresenta como bondoso, desamparado e submisso, facilmente atrairá a atenção do formador ou de algum membro da comunidade formativa, que atuará em seu lugar de forma dominante, antecipando as escolhas que não é capaz de fazer; provavelmente, esse membro dominante representa exatamente o tipo de pessoa que o outro precisa para se sentir calmo e continuar na caminhada formativa, sem manifestar o que realmente é ou pensa (MacKenzie, 2002, p. 104).

Por isso é importante que, nos diferentes contextos de discernimento, a equipe formativa tenha consciência da dinâmica das interações entre os seus membros. É aprendendo a corregular certos comportamentos interpessoais que será possível analisar os processos motivacionais operacionalizados por meio dos comportamentos congruentes dos formandos ou daqueles que fazem um discernimento vocacional.

A tomada de decisão nos comportamentos contrários ao discernimento

Quando o candidato passa por dificuldades vocacionais, quando está inseguro na sua caminhada vocacional, quando não consegue decidir sobre uma opção de vida, quando adia indefinidamente sua decisão, criam-se condições particularmente importantes para quem acompanha o percurso de discernimento. Na verdade, é precisamente nos momentos de indecisão, em que a pessoa não é capaz de autodireção e autodeterminação, que é necessário estar atento aos sinais de incongruência que se manifestam: são momentos úteis para fazer novas experiências de valor, através de uma forma diferente de estar juntos, para que, mesmo nesse caso, os encontros formativos se tornem uma oportunidade para ajudar na escolha.

Em particular, se a pessoa se enrijece diante de posições excessivamente individualistas, espiritualizantes, ou se tende a idealizar seu desejo de dedicação vocacional: são os momentos em que se verifica como ela reage a um eventual pedido de flexibilidade ou tem um conhecimento mais realista de si mesma. Nesses momentos, as intervenções formativas devem ter como objetivo manter o enfoque no consenso básico entre o formador e o formando, para que haja cooperação entre as partes interagentes. Devem ser intervenções que tendam a revitalizar a capacidade intuitiva e criativa da pessoa, mas que também a ajudem a tomar decisões concretas, quando a sua capacidade de resolução se estagna, não se comprometendo com escolhas duradouras. São oportunidades importantes para interromper estilos habituais que atrofiam o caminho de crescimento e comprimem o ímpeto intencional da pessoa.

As intervenções que ajudam a interromper tais comportamentos são definidas como "contrárias", porque servem para "identificar a posição interpessoal que mais provavelmente atrairá o oposto do que está acontecendo" (Benjamin, 1999, p. 85). São comportamentos de notável valor pedagógico, pois uma reação oposta provoca seu comportamento complementar, "que constitui o corretivo do comportamento destrutivo existente" (Scilligo, 1993, p. 22). Ou seja, ser capaz de identificar comportamentos contrários permite corrigir aquelas modalidades relacionais que geram confusão e desorientação, e, ao mesmo tempo, ajudam a promover um espírito de discernimento, a partir das situações de vida que o sujeito está vivenciando.

Ativar comportamentos opostos para interromper a indecisão

Para identificar a antítese do comportamento indesejado, é necessário encontrar o oposto desse comportamento e, então, buscar sua complementaridade. Vamos tentar entender por meio de um exemplo. Imaginemos que, entre as Irmãs de uma comunidade religiosa, há uma delas (que chamaremos de Irmã Claire) que tende a reagir negativamente ao comportamento das outras, já que, no final... nada lhe convém. Quando as outras não aguentam mais a sua maneira de ser, assumem um comportamento indiferente, ao qual ela reage, escondendo-se atrás de um "muro" de silêncio, com uma atitude de autonomia hostil e autoisolamento (cala-se, negligência a si mesma, não se levanta para a oração comunitária, reclama de tudo...). Às vezes, ela tem a sensação de que tudo o que faz nunca dá certo, não há nada pelo que valha a pena se comprometer. "Ninguém realmente se importa comigo", repete para si mesma. As outras Irmãs da comunidade se sentiram melhor quando começaram a ignorá-la, não dando importância ao que fazia, mesmo quando reagia de forma estranha, com seu caráter imprevisível, porque sabiam que era assim mesmo, que era inútil falar com ela: qualquer tentativa de corrigi-la era sempre motivo de conflito.

No final, elas decidiram intervir o mínimo possível para o seu bem, de maneira a não piorar a situação. Dessa forma, quanto mais a deixavam sozinha (fingindo não notar seus comportamentos extravagantes, tentando tolerar seus silêncios, sua negligência ou suas ausências da comunidade), mais ficavam bem, porque evitavam novos conflitos. Para Irmã Claire era melhor assim, porque evitava ter que prestar contas do que estava fazendo. Dessa forma, elas alcançaram um nível de convivência aceitável para toda a comunidade.

Se não fosse pelo fato de que, com aquele modo de agir, a Irmã Claire introjetou uma representação negativa (e, portanto, uma imagem negativa de si mesma), que se manifestou no endurecimento progressivo, na tendência a desvalorizar a possibilidade de fazer escolhas diferentes: quanto mais a deixavam calma, para evitar que se agitasse, mais ela se convencia de que não era digna de respeito e consideração, continuando a ter expectativas de abandono e rejeição por parte das outras. Em outras palavras, quanto mais as Irmãs a ignoravam, mais Irmã Claire se negligenciava e se convencia de que não podia fazer nada a respeito disso; ela era assim.

Na verdade, sua atitude de retraimento e abandono tornou-se uma resposta complementar à indiferença das Irmãs, que ela percebeu como culpadas, ao que reagiu, por sua vez, com atitudes de distanciamento (ver quadrante superior esquerdo, na figura 1). Com o tempo, essa dinâmica se tornou como que um círculo vicioso de ações e reações.

Ultimamente, porém, algo diferente aconteceu, que mudou a situação e permitiu abrir diferentes perspectivas diante do mal-estar da comunidade. A superiora se sentiu alarmada quando percebeu que, com seu modo de agir, a Irmã Claire estava pondo em risco sua saúde. De fato, não tinha cuidado consigo mesma, e frequentemente a viam triste pela casa; tinha atitudes suspeitas. A superiora disse a si mesma que era hora de intervir, antes que as coisas piorassem. Mas teve que encontrar uma forma diferente de ficar perto da Irmã Claire, porque ela teve com a superiora a mesma reação negativa de hostilidade e indiferença que já havia manifestado com as outras Irmãs da comunidade.

De fato, acontecia que, sempre que a Irmã Claire se apresentava com um comportamento de complacência ressentida e apática, provocava na superiora um comportamento de crítica invasiva, para tentar bloquear sua negligência e descuido. Claro, não era fácil estar perto de alguém que reagia de maneira hostil, mas ela não podia deixar as coisas continuarem assim. Como cuidar dessa Irmã de comportamento difícil? Seria melhor encontrar um jeito de mandá-la embora? E, sobretudo, como mudar sua atitude de rígido abandono, com uma maior disposição para deixar-se formar?

Suponhamos que, em vez de culpá-la por sua maneira insuportável de fazer as coisas, a superiora optasse por lhe oferecer algo diferente. Sim, mas o quê? De repente, seu "ouvido" interior indicou que, diante das atitudes irritantes da Irmã Claire, ela deveria agir.

Na verdade, a superiora descobriu que também se sentia desamparada, desvalorizada e ressentida, quando tentava corrigi-la. Apesar de toda a sua boa vontade, havia uma forte sensação de impotência: sentiu-se completamente inútil e incapaz de ajudá-la. "Eu adoraria fazer algo por ela, mas simplesmente não posso! Às vezes, fico muito zangada...!", confidenciou ao seu diretor espiritual. "Mas tem certeza de que não pode fazer nada?", ele perguntou a ela. "Deve haver algo de diferente que possa fazer com ela... Pense bem, senão você também corre o risco de se enrijecer com o seu 'não posso'!"

A superiora estava absolutamente certa: quanto mais ela insistia em dar seus conselhos, mais se sentia incapaz de ajudar, já que a Irmã Claire se ajustava com ressentimento, apenas para reagir com raiva, respondendo que não precisava ser cuidada como uma criança. Em suma, quase todos tinham concordado com isso...

Daquele momento em diante, ao invés de exortá-la a partir de uma posição de autoridade, para convencê-la de que estava errada, a superiora passou a afirmar sua competência autônoma, expressando francamente seu ponto de vista sobre a gravidade da sua saúde física e psicológica.

Ao se relacionar, a superiora havia escolhido se confirmar, prestando atenção ao que sentia dentro de si, em vez de se concentrar em ajudar a Irmã que precisava ser escutada na sua dificuldade. Essa mudança de perspectiva facilitou, na Irmã Claire, um novo comportamento, de assertividade pessoal e abertura, que era o oposto de sua habitual complacência apática, favorecendo uma atitude que lhe permitia explicar o que estava acontecendo com ela.

Na verdade, sempre que a superiora se aproximava dela com cordialidade e atenção, Irmã Claire tendia a ser confiante e disponível: conversava com ela, possibilitava que entrasse em contato com o que estava lhe acontecendo, falava de suas ansiedades, sentindo-se mais segura em poder compartilhar, mas também mais adequada consigo mesma.

Isso gradualmente contribuiu para aumentar um sentimento de alívio dentro dela ("Eu finalmente posso confiar em alguém!"), o que a ajudou a ter mais autoestima, cuidando de si mesma e de suas fragilidades, mas, também, mais confiança em seu mundo exterior, ou, pelo menos, com a superiora. Desse modo, ao "reconstruir" em si mesma o que vivenciou na relação com a coordenadora da comunidade, foi capaz de identificar diferentes estratégias para satisfazer suas necessidades de atenção e cuidado, reformulando o que se passava entre elas em termos de novas possibilidades.

A superiora também soube identificar a necessidade de se preocupar mais com as dificuldades da Irmã Claire, deixando a ela a oportunidade de se afirmar e se expressar, enquanto manifestava seu apreço por essa capacidade de abertura. Foi nesse clima de estima e respeito mútuo que foi capaz de detectar, no temperamento da Irmã Claire, aqueles aspectos de valor subjacentes e integrá-los em um melhor entendimento mútuo.

Essa forma de discernimento produziu mudanças na Irmã Claire: aos poucos foi aprendendo a ter maior consideração positiva por si mesma e maior capacidade de abertura e autoaceitação, apoiada na consciência de poder avaliar positivamente as razões pelas quais estava experimentando aqueles sentimentos e tomando determinadas atitudes.

Com o tempo, essa nova atitude se traduziu em comportamentos interpessoais mais adequados, até mesmo com as demais Irmãs da comunidade, pois, mesmo com elas, foi possível reconhecer os aspectos positivos de si mesma e diminuir os negativos, amparada na reflexão construtiva que veio do meio ambiente, especialmente porque elas passaram a dizer coisas mais francamente, em vez de tomar tudo como certo.

Ela conseguirá perseverar nessa mudança? Não sabemos. O certo é que agora está muito mais serena e leva uma vida comunitária "quase" normal. Ao relacionar-se de forma diferente, tem conseguido identificar os componentes valiosos presentes em si mesma, colhendo os benefícios sempre que tem consciência, integrando-os num processo de crescimento existencial e vocacional. No futuro, será necessário uma vigilância e uma consciência contínua, para perseverar num comportamento construtivo, incorporando a sua vulnerabilidade de caráter, num projeto aberto a maior confiança nas pessoas que lhe estão próximas.

Planilha para o discernimento: foco nos processos de tomada de decisão no comportamento interpessoal

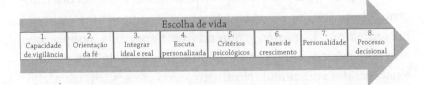

Interdependência e afiliação são as duas dimensões requeridas para observar e discernir o comportamento interpessoal. Ao cruzá-las, quatro quadrantes específicos surgem, como pode ser visto na figura 1.

1. Qual quadrante você privilegia, quando precisa decidir algo importante e é incentivado por relacionamentos positivos? Por quê?

_____
_____
_____

2. Descrever um episódio que tocou você, traçando o mapa das relações entre quem é o *proponente* e quem é o *respondente*?

_____
_____
_____

3. Agora, complete a frase: "Quando alguém cuida de mim, eu...".

_____
_____
_____

# IX — Por um caminho de discernimento que caracterize toda a existência

Hoje temos cada vez mais a necessidade de um estilo de discernimento que permita às pessoas fazerem escolhas congruentes com o desenvolvimento vocacional da própria existência. O método proposto nas páginas deste livro é um caminho concreto, que serve para fornecer novos critérios aplicativos para o discernimento vocacional, a partir da centralidade de sua relação com os outros. A "exploração" contínua da própria forma de viver as relações, incluindo as relações que se estabelecem ao longo de um percurso de discernimento, possibilita que o vocacionado regule o seu comportamento e avance com mais confiança nos objetivos que dizem respeito a respostas de sentido à própria existência. As crises e as dificuldades encontradas na relação com o entorno são oportunidades preciosas para avançar na plena integração entre o desejo de dizer "sim" e a realidade psicológica que faz parte da sua história vocacional.

Assumindo uma atitude de escuta dos sinais vocacionais presentes na pessoa, é possível apreender as suas riquezas e fazer convergir todos os esforços para escolhas concretas, que permitam dar um rosto ao desejo de responder à vontade de Deus. O trabalho interpessoal é o principal caminho para se progredir no reconhecimento dos sinais do chamado, para que a singularidade do próprio "sim" possa emergir fortemente ante a voz de Deus, que continua a guiar o caminho de quem escuta a sua vontade.

A longa jornada transformadora daqueles que buscam fazer a vontade de Deus

José e João eram dois monges famosos que trabalhavam em dois mosteiros remotos, ambos muito competentes e bem conhecidos naquilo que faziam. Muitas pessoas iam até eles para conversar sobre as muitas infelicidades que atormentavam suas existências. Os dois, porém, tinham duas formas de atuação: o mais jovem, José, era muito calmo e tinha grande capacidade de escuta. O mais velho, João, era bastante exigente com quem buscava sua ajuda. Quando descobria que alguém estava mentindo, de maneira enérgica, agia com grande rigor, sempre tentando fazer com que aqueles que procuravam ajuda pudessem ser um pouco mais felizes. Embora nunca se tivessem conhecido, os dois já tinham ouvido falar um do outro e sabiam que seus métodos de ajuda eram completamente diferentes, pareciam quase competir, como se rivalizassem a distância.

Um dia José entrou em crise, devido a problemas pessoais que atormentavam a sua vida. Ele próprio começou a se sentir profundamente infeliz e considerava que não havia ninguém que pudesse compreendê-lo. Em meio a seu desespero, tinha pensamentos destrutivos que o atormentavam, e não conseguia sair deles. Incapaz de se curar, ele procurou a ajuda do famoso monge, de quem tanto ouvira falar, cujo nome era João.

Depois de vagar por um longo tempo no deserto, uma noite ele chegou a um oásis, onde decidiu parar e descansar. Lá ele conheceu um viajante idoso que vinha de longe, com o qual conversou por um longo tempo. Quando lhe contou o motivo de sua viagem, o viajante idoso ofereceu-se para ajudá-lo na sua busca por João. No dia seguinte, enquanto caminhavam, algo especial aconteceu. O ancião revelou-lhe a sua verdadeira identidade: ele era a pessoa a quem José procurava, o grande monge João.

Após a surpresa inicial, o monge idoso, sem hesitar, convidou seu companheiro de viagem, antes considerado um rival, para ir a sua casa, e, a partir desse dia, os dois começaram a trabalhar e a colaborar um com o outro. A princípio, João pediu a José que fosse seu assistente, enquanto ouvia as queixas das pessoas que vinham conversar com ele, depois, passou a considerá-lo cada vez mais como seu discípulo e, no final, eles colaboraram plenamente um com o outro, como dois confrades em uma missão.

Depois de muitos anos, o velho João adoeceu gravemente e, em seu leito de morte, disse ao amigo que queria revelar-lhe um último segredo: "Lembra-se de quando você, um jovem monge em crise, saiu em viagem para pedir ajuda a um monge idoso de quem já tinha ouvido falar?". Também o lembrou de como ficou surpreso ao saber que aquele companheiro de viagem, encontrado por acaso naquele oásis, era a pessoa que ele procurava.

Agora que estava morrendo, João sentiu que era hora de lhe revelar algo muito importante. Confessou que, também para ele, aquele encontro no oásis tinha sido um verdadeiro milagre, porque também estava desesperado e em crise. Também se sentia miserável e desconsolado; incapaz de ajudar a si mesmo, tinha saído em busca de ajuda. Na noite em que se conheceram no deserto, João também estava procurando por um monge famoso de quem tanto ouvira falar, chamado José.

Este é o objetivo do caminho de busca vocacional, acompanhado por quem guia esse percurso: redescobrir-se mutuamente como "buscadores da vontade de Deus", a partir da concretude da própria história, que, ao longo do caminho, pode se tornar uma preciosa oportunidade de enriquecimento mútuo, com suas respectivas diferenças.

Ao longo desse caminho, as pessoas podem reavaliar sua capacidade exploratória, em um contexto de relacionamento e de comportamento interpessoal. O encontro com a identidade e a personalidade do outro permite redescobrir o sentido de uma relação enriquecedora para a própria identidade vocacional.

Nesse caminho comum, a mudança assumirá cada vez mais a fisionomia de uma redescoberta mútua, de uma autotranscendência recíproca, em que as pessoas em caminho se manifestam umas às outras, despertando a sua dignidade e a insubstituível singularidade de serem criaturas à imagem do Criador. O encontro real é baseado na autotranscendência, ao invés de na mera autoexpressão. Ele se transcende em direção ao *logos*, enquanto o pseudoencontro é fundado em um "diálogo sem *logos*" e representa apenas uma plataforma de autoexpressão mútua (Frankl, 1999).

Insistimos repetidamente: o que move todo ser vivente, em busca da vontade de Deus, é a capacidade de abertura, o compromisso com essa busca, na relação com as outras pessoas significativas, que se integrem ao sentido que une os que se comprometem no caminho de realização vocacional.

No caminho do acompanhamento, no processo de discernimento ou no itinerário formativo, a aceitação recíproca torna os indivíduos capazes de investir criativamente no modo de se abrir para reconhecer os sinais do apelo, passando das boas intenções aos fatos, aprendendo, assim, a ser um presente não só para si mesmos, mas também para os outros. Nesse clima de reconhecimento silencioso, as dificuldades vocacionais também são enfrentadas com coragem e confiança.

Quem acompanha e quem se deixa acompanhar, parar e ouvir, como fizeram os dois monges no oásis do deserto, compreendem juntos como descobrir, na diversidade do outro, as sementes de um chamado que, a princípio, lutam por reconhecer.

Numa época em que tudo o que é "diferente" gera medo e insegurança, é possível que uma nova forma de estarmos juntos nos ajude a não olhar os sinais vocacionais como um perigo para as próprias certezas, mas sim como um recurso para fazer escolhas de vida que se revelam como um presente.

Na jornada de descoberta vocacional, muitas são as ocasiões que apontam para essa perspectiva criativa. Basta pensar na necessidade de renovação das antigas Ordens religiosas, ou na necessidade de diálogo entre os diversos contextos culturais, ou na necessidade de diálogo entre jovens e idosos; são todos cenários em que a busca do sentido vocacional da existência ganha contornos novos e inovadores.

Em todas essas situações, é preciso valorizar as múltiplas condições de confronto interpessoal e, ao mesmo tempo, olhar a diversidade não só com consternação, mas com esperança: essa esperança tem raízes na certeza de que toda vocação persiste para ser um dom de Deus, e nossa tarefa é continuar a ser buscadores de sua presença nas muitas precariedades da existência. O sentido de responsabilidade por esse trabalho nos permitirá discernir com coragem, abrindo-nos a um projeto que transcende a finitude do nosso esforço.

A perspectiva de um discernimento capaz de orientar as escolhas interpreta bem essas expectativas de renovação tão esperadas, não só para as vocações de consagração específica, mas para todas as vocações. A sede de autenticidade, já entendida como resposta à questão de sentido do nosso tempo (ainda mais em processo de discernimento), envolve um trabalho contínuo de integração das riquezas presentes e exploráveis, num projeto comum de resposta vocacional. Mas também oferece pistas operacionais para se estar prontos para passar das muitas palavras aos fatos, porque é na concretude da vida que os sujeitos podem ouvir "o sussurro de uma leve brisa" (1Rs 19,12) que nos fala da presença vivificante de Cristo. Bem sabemos que tudo isso implica uma mudança, pois "antes de nos confiar uma missão, o Senhor nos prepara, põe à prova com um processo de purificação e discernimento" (Francisco, 2014).

Preparar-se para a missão de discernimento que exige mudança significa treinar para redescobrir os sinais da presença de Deus nos muitos acontecimentos da própria existência. Só assim será possível avançar verdadeiramente para novos horizontes contidos na história vocacional de cada um. Só assim será possível aprender a se transformar dia após dia, a conformar-se cada vez mais a Cristo, verdadeiro Mestre de discernimento. Essa é a história que caracterizou e continua a caracterizar a vida da Igreja e que, ainda hoje, segue sendo uma oportunidade para nela participar, com grande atenção aos sinais dos tempos.

O aspecto transformador das relações interpessoais

Cada indivíduo que cresce no caminho de busca vocacional é chamado a integrar as suas experiências relacionais, para que sejam coerentes com o projeto de vida a que se sente chamado e que deve redescobrir dia após dia. O critério unificador desse planejamento permanente é dado pelo processo da história vocacional, que se estende em direção à meta última da existência.

"O mistério da pessoa, precisamente em virtude dessa característica especificamente 'humana', simultaneamente aberto ao infinito e encarnado no espaço e no tempo, recebe contornos que a história pessoal de cada um atribui. Por isso, quisemos insistir no fato de que o desenvolvimento também é "educação", ou seja, uma passagem das possibilidades quase infinitas para a implementação de diferentes formas e mediações em uma única configuração dinâmica" (Imoda, 1995, p. 341).

Nesse processo de crescimento, o indivíduo toma consciência de si mesmo e da sua forma de se relacionar com aqueles que o ajudaram a reconhecer os sinais do chamado. Essa consciência, alcançada num contexto de intersubjetividade positiva, permite-lhe ter uma consciência "contínua" do seu passado, do seu presente, bem como a fazer hipóteses construtivas sobre o seu futuro.

"Nesta progressiva abertura à alteridade, a presença do outro como testemunha prudente e discreta pode ser a condição indispensável para adquirir ou readquirir aquele grau de confiança e relativa segurança, que permite colocar a questão e iniciar o caminho da descoberta" (ibid., p. 373).

Essa visão permanente da busca da vontade de Deus ajuda a olhar a própria vida como um caminho de discernimento contínuo, em que o vínculo entre o amadurecimento humano e o crescimento vocacional não é dado como certo, mas é o resultado do trabalho constante de tecelagem que cada um realiza "do berço ao túmulo", operante nas opções de vida que todos são chamados a fazer dia após dia na relação com os outros.

O crescimento vocacional, assim entendido, configura-se como um lugar de transformação contínua, uma escola de novos significados em que o indivíduo aprende, com a vivência dos muitos encontros significativos, a resgatar, em cada um dos acontecimentos, aquela dimensão transcendente que caracteriza a essência da natureza humana. Então, a atitude de abertura para o outro se traduzirá em escolhas concretas que comprometam o indivíduo a viver no momento presente sua disponibilidade para o Totalmente Outro.

Discernimento permanente e fidelidade na tomada de decisões

Em cada momento da vida, o vocacionado, o religioso, o presbítero, podem crescer na capacidade de reconhecer os numerosos "vestígios da presença de Deus, que guia toda a humanidade para o discernimento dos sinais da sua vontade redentora" (João Paulo II, 1996, n. 79). O discernimento vocacional não se reduz, portanto, a uma ratificação dos níveis ótimos de caráter, espiritual, intelectual, maturação pastoral... mas, sim, projeta o indivíduo para os princípios últimos que orientam todo ser humano a buscar e encontrar, na própria história, os muitos sinais do chamado de Deus.

Nessa tarefa, ele será auxiliado pelas duas tendências básicas que caracterizam o seu desenvolvimento: (1) a capacidade de construir laços positivos com aqueles que o acompanham, e (2) a competência para explorar criativamente as situações que vive, para discernir o que está em conformidade com o desenvolvimento vocacional de sua própria vida.

Da capacidade de abertura ao sentido missionário de cada vocação

"Agora estou seguro do meu caminho, finalmente me sinto pronto para qualquer coisa." Assim se expressou um candidato ao presbitério em um momento de discernimento com seu bispo. Pouco tempo depois, mudou de ideia quando enfrentou uma situação emocional que o colocou em crise. O discernimento vocacional não é um trabalho que gera pessoas "prontas", pessoas essas que se enraízam nas próprias certezas ou nas próprias crenças morais ou espiritualistas. O discernimento é um modo de vida que permite cultivar a interioridade através da sua forma de ser e agir, mas também através da relação com os outros (Concílio Vaticano II, 1998, n. 57).

Cientes de que essa interioridade não é o quietismo habitual, mas, ao contrário, a inquietude que impulsiona a busca. "A inquietação da investigação da verdade, da busca de Deus, torna-se a inquietação de o conhecer cada vez mais e de sair de si mesmo para o dar a conhecer aos outros. Nomeadamente, é a inquietação do amor" (Francisco, 2013d, n. 2).

Conduzir um percurso formativo voltado para motivações mais profundas, considerando o caráter específico que identifica a unicidade de cada um, mas também contando com a contribuição de outras pessoas significativas, ajuda a quem faz um discernimento a confiar naquele que dá sentido à sua existência. A ideia é que nas relações intersubjetivas se identifiquem os aspectos que permitem abrir-se à voz de Deus, sem transcurar as muitas vozes do aspecto humano. Dessa forma, a história é moldada na coparticipação de um processo de mudança, que orienta a sua existência, reforçando a capacidade de procurar e encontrar o rosto de Deus nas múltiplas situações da vida.

Colaborar criativamente no plano de Deus

A integração do crescimento humano com o crescimento vocacional permite ao indivíduo redescobrir a própria vocação de colaborador com o desígnio criativo de Deus. Essa integração não é passiva, mas acontece quando se assume a responsabilidade pela vida e pelos fatos cotidianos, nos quais serão reconhecidas as realidades que tenha sentido para a existência. Se as circunstâncias forem favoráveis ou se surgirem dificuldades no processo de discernimento, a pessoa ainda será chamada a dar sentido aos acontecimentos e a fazer escolhas adequadas.

A exploração das muitas realidades encontradas ao longo do caminho torna-se uma oportunidade contínua para reconhecer os sinais do chamado nos muitos eventos da história de alguém. Mas torna-se também um estilo de vida permitir-se modelar, com atitude de escuta e de gratidão benevolente, perante as oportunidades que reencontra no seu caminho de acompanhamento.

A perspectiva de uma busca permanente da vontade de Deus potencializa a contribuição pessoal e criativa a esse processo exploratório, para a realização plena de um projeto vocacional reconhecido como dom e realizado através da mediação das relações interpessoais.

Três critérios operacionais para se ter presentes

O desenvolvimento vocacional da identidade humana e espiritual baseia-se na consciência da própria singularidade e na necessidade de relações autênticas que ampliem os horizontes da própria vida, orientando o indivíduo para o sentido projetual das próprias escolhas. Para que essa perspectiva tenha uma evolução construtiva, é necessário salvaguardar alguns princípios básicos, que aqui apresentamos como três critérios operacionais no trabalho de discernimento.

Primeiro: agir de acordo com a mudança

O primeiro princípio diz respeito ao aspecto ativo e experiencial: o trabalho de discernimento não deve ser apenas pensado ou desejado. Deve ser executado na concretude das escolhas cotidianas! Mesmo que sejam pequenos gestos, não necessariamente extraordinários, toda ação vivida em resposta ao chamado de Deus permite que a pessoa experimente sua capacidade de se abrir a valores transcendentes, de colaborar na realização de um projeto de vida por meio de escolhas coerentes. "Na realidade, o essencial da condição humana é o fato de autotranscender-se, que haja algo mais em minha vida que não seja eu mesmo... Algo ou alguém, uma coisa ou pessoa distinta de mim" (Frankl, 1999, p. 59-60).

É com ações, e não apenas com boas intenções, que as pessoas podem verificar se seu estilo de vida está em conformidade com o dom do chamado, e, assim, utilizar as potencialidades disponíveis de forma livre e responsável para retomar o caminho de busca em qualquer momento da etapa vocacional.

Segundo: criar espaço para o diálogo vocacional

O segundo critério indica que toda busca vocacional é um fato comunitário, o que suscita um acompanhamento contínuo com aqueles que são chamados a colaborar nesse trabalho. De fato, o responsável por acompanhar o discernimento vocacional precisa criar um "espaço" onde seja possível sintetizar, em conjunto com quem discerne, o que acontece quando se entra em um percurso de discernimento. Não se trata apenas de troca de conteúdo (sejam catequéticos, espirituais ou morais) ou de bons modos (de ser mais sociável, mais prestativo...), de ser um bom padre ou uma boa freira, mas, sim, da criação de novos significados intersubjetivos que abram o sujeito para uma nova compreensão de sua própria existência.

Terceiro: toda dúvida vocacional é uma oportunidade de discernimento

Terceiro, mesmo as situações mais difíceis, de dúvida ou vulnerabilidade em relação às escolhas a serem feitas, são oportunidades para dar sentido à descoberta do sentido vocacional da própria existência. Portanto, situações de dificuldade e confusão também podem ser uma chance de descobrir que mesmo aí a vida pode ser cheia de possibilidades (id., 2006).

É justamente nas situações mais complexas que a pessoa tem a oportunidade de reconhecer que há um sentido a ser dado ao que se está vivenciando. Na verdade, a intuição de um significado a ser realizado ativa energias e motivações de natureza psicoespiritual que impulsionam o indivíduo a explorar uma nova forma de lidar com os outros e com os acontecimentos da vida.

Ao aprender a viver essa capacidade de abertura ao outro, o indivíduo vivencia os eventos da vida observando criativamente as suas ações, sabendo que nas dificuldades que encontra poderá sempre dar uma resposta que o projete para o futuro, pois é atraído pelos valores e significados que estão além de si mesmo.

Esses três princípios, de *concretude*, de *relacionalidade* e de *incerteza*, devem ser verdadeiros companheiros de viagem, quando se inicia um percurso de discernimento, para que, quem busca por uma vocação, seja como um viajante, livre para deixar-se atrair por aquilo que encontra, para colher em cada gesto a presença silenciosa de Deus.

O fruto do discernimento é uma explosão de caridade

Por que falar da caridade como fruto do discernimento? Porque toda resposta vocacional é uma resposta de amor ao amor que Deus tem pela humanidade. O que facilita uma integração autêntica entre o desejo humano e a obra do Espírito é precisamente a capacidade de se doar, o dom total de si. Amar os outros de forma autêntica significa participar da transcendência que une as pessoas, direcionando-as ao sentido vocacional que une sua existência, facilitando, assim, o crescimento em direção aos objetivos comuns que caracterizam a experiência dialógica interpessoal.

Uma identidade centrada no seguimento de Cristo traduz-se necessariamente no dom de si mesmo, já que, só quando o sujeito puder viver plenamente esse modo de ser-para-os-outros, poderá descobrir o sentido das próprias escolhas e será capaz de olhar com confiança para o futuro de sua existência. Sabemos que essa explosão de caridade não é um acontecimento mágico, que se dá ao entrar no seminário, ao se ordenar presbítero, ao fazer a profissão religiosa. O discernimento como caridade é uma obra contínua de mudança, que se realiza numa reestruturação permanente de si mesmo e da relação com os outros, uma obra que qualifica as escolhas cotidianas, a partir de um projeto vocacional e do reconhecimento do amor de Deus na própria vida e na vida do mundo.

Essa perspectiva permite que todos se abram a novas possibilidades que se realizam na própria existência, redescobrindo aquela juventude de espírito que acompanha a vida de cada ser vivente. Só assim será possível olhar para o próprio desenvolvimento evolutivo como um caminho de santificação alcançada na vocação específica, um processo de amadurecimento que permite desenvolver respostas eficazes e coerentes com a própria vocação, a partir de uma renovação interior comum e de fidelidade permanente à comunhão com Cristo.

A realização de tudo isso na caridade devolve a cada um a responsabilidade de continuar o caminho de integração da própria realidade humana com aquele desejo de Absoluto que cada ser vivo carrega dentro de si, um caminho às vezes cheio de obstáculos, às vezes cansativo e difícil de ser realizado, mas ainda um itinerário que direciona para o mistério de uma existência realizada nas pequenas coisas de cada dia, sabendo que "o caminho é longo, mas há só um modo para saber aonde pode levar: continuar caminhando" (Bello, 1990, p. 34).

Planilha para o discernimento: resumo final

Descreva brevemente os passos observados no seu caminho de discernimento.

Escolha de vida							
1. Capacidade de vigilância	2. Orientação da fé	3. Integrar ideal e real	4. Escuta personalizada	5. Critérios psicológicos	6. Fases de crescimento	7. Personalidade	8. Processo decisional

Bibliografia

ALLPORT, Gordon. *L'individuo e la sua religione*. Leumann: LDC, 1972.

ALLPORT, Gordon. *Psicologia della personalità*. Roma: LAS, 1977.

ALLPORT, Gordon; ROSS, Michael. Personal religious orientation and prejudice. *Journal of Personality and Social Psychology*, v. 5, n. 4, p. 432-443, 1967.

ARIELLI, Emanuele; SCOTTO, Giovanni. *I conflitti: introduzione ad una teoria generale*. Milano: Mondadori, 1998.

ARNETT, Jeffrey. Emerging adulthood. A theory of development from the late teens through the twenties. *The American Psychologist*, v. 55, n. 5, p. 469-80, 2000.

ARTO, Antonio. *Psicologia evolutiva: metodologia di studio e proposta educativa*. Roma: LAS, 1990.

BALTES, Paul. Theoretical propositions of life-span developmental psychology: on the dynamics between growth and decline. *Developmental Psychology*, v. 23, n. 5, p. 611-626, 1987.

BANDURA, Albert. *Disimpegno morale: come facciamo del male continuando a vivere bene*. Trento: Erickson, 2017.

BATSON, Daniel; LYNN, Raynor-Prince. Religious orientation and complexity of thought about existential concerns. *Journal for the Scientific Study of Religion*, v. 22, n. 1, p. 38-50, 1983.

BATSON, Daniel; SCHOENRADE, Patricia A. Measuring religion as quest: 1) validity concerns. *Journal for the Scientific Study of Religion*, v. 30, n. 4, p. 416-429, 1991.

BAUMGARTNER, Isidor. *Psicologia pastorale: introduzione alla prassi di una pastorale risanatrice*. Roma: Borla, 1993.

BELLO, Antonio. *Alla finestra la speranza: lettere di un vescovo*. Cinisello Balsamo: Paoline, 1990.

BENJAMIN, Lorna Smith. *Diagnosi interpersonale e trattamento dei disturbi di personalità*. Roma: LAS, 1999.

BENJAMIN, Lorna Smith. Structural analysis of social behavior. *Psychological Review*, v. 81, n. 5, p. 392-425, 1974.

BENTO XVI. Carta encíclica *Spe Salvi*. São Paulo: Loyola, 2007.

BENTO XVI. Ai Superiori e alle Superiore Generali degli Istituti di Vita Consecrata e delle Società di Vita Apostolica. *L'Osservatore Romano*, p. 5, 2008.

BENTO XVI. *Carta à Diocese e à cidade de Roma sobre a tarefa da formação*. Vatican. Disponível em: <https://www.vatican.va/content/benedict-xvi/pt/letters/2008/documents/hf_ben-xvi_let_20080121_educazione.html>.

BENTO XVI. *Omelia all'apertura dell'anno sacerdotale*. Vatican. Disponível em: <http://www.vatican.va/holy_father/benedict_xvi/homilies/2009/documents/hf_ben-xvi_hom_20090619_anno-sac_it.html, pp. 1-4.>.

BERNE, Eric Lennard. *Intuizione e stati dell'io*. Roma: Astrolabio, 1992.

BIANCHI, Enzo. L'arte del discernimento spirituale. *L'Osservatore Romano*, p. 1-3, 2017.

BRIGGS MYERS, Isabel. *Myers-Briggs type indicator: manuale*. Firenze: Organizzazioni speciali, 1991.

BRUNI, Luigino. *La distruzione creatrice*. Roma: Città Nuova, 2015.

CASSIANO, Giovanni. *Conferenze ai monaci*. Roma: Città Nuova, v. 2, 2000.

CAVALERI, P. A. La fede produce sempre una buona qualità di vita? *Religiosi in Italia*, n. 395, p. 62-68, 2013.

CENCINI, Amadeo. Crisi. In: *Dizionario di Scienze dell'Educazione*. Roma: LAS, 2008, p. 280-282.

CENCINI, Amadeo. Discernimento. In: *Dizionario di Scienze dell'Educazione*. Roma: LAS, 2008, p. 333-334.

CENCINI, Amedeo. *La formazione permanente nella vita quotidiana: itinerari e proposte*. Bologna: Edizioni Dehoniane, 2017.

COLONESE, Ercole. *Tipi psicologici al lavoro: lavorare insieme con efficacia*. Napoli: Nuova Cultura, 2013.

COMBONI, Daniele. *Daniele Comboni: gli scritti*. Bologna: Editrice Missionaria Italiana, 1991.

CONCÍLIO VATICANO II, Paulo. Constituição pastoral *Gaudium et Spes*. São Paulo: Paulus, 1998.

CONFERÊNCIA DOS RELIGIOSOS DO BRASIL. *XXII Assembleia Geral Eletiva de Olhos Fixos em Jesus*. Brasília: CRB, 2010. 435v.

CONGREGAÇÃO PARA A EDUCAÇÃO CATÓLICA. *Orientações para a utilização das competências psicológicas na admissão e na formação dos candidatos ao sacerdócio*. Vatican. Disponível em: <http://www.vatican.va/roman_curia/congregations/ccatheduc/documents/rc_con_ccatheduc_doc_20080628_orientamenti_po.html>. Acesso em: 10 abr. 2020.

CONGREGAÇÃO PARA OS INSTITUTOS DE VIDA CONSAGRADA E AS SOCIEDADES DE VIDA APOSTÓLICA. *Partir de Cristo: um renovado compromisso da vida consagrada.* São Paulo: Paulinas, 2002. Disponível em: <http://www.vatican.va/roman_curia/congregations/ccscrlife/documents/rc_con_ccscrlife_doc_20020614_ripartire-da-cristo_po.html>.

CREA, Giuseppe. *Gli altri e la formazione di sé.* Bologna: EDB, 2005.

CREA, Giuseppe. *Agio e disagio nel servizio pastorale: riconoscere e curare il burnout nella dedizione agli altri.* Bologna: EDB, 2010.

CREA, Giuseppe. *Le malattie della fede: patologia religiosa e strutture pastorali.* Bologna: EDB, 2014.

CREA, Giuseppe. *Psicologia, spiritualità e benessere vocazionale: percorsi educativi per una formazione permanente.* Padova: EMP, 2014.

CREA, Giuseppe. *Tonache ferite: forme del disagio nella vita religiosa e sacerdotale.* Bologna: EDB, 2015.

CREA, Giuseppe. *Guida all'uso dei test psicologici: misurazione e valutazione diagnostica in un'ottica psico-educativa e progettuale.* Roma: LAS, 2019.

CREA, Giuseppe. *Elementi di psicologia interculturale: attraverso i confini del pregiudizio con un'ottica psicoeducativa.* Milano: Franco Angeli, 2020.

DAZZI, Nino; LINGIARDI, Vittorio; GAZZILLO, Francesco. *La diagnosi in psicologia clinica: personalità e psicopatologia.* Milano: Raffaello Cortina, 2009.

DOM BOSCO. *Lettera da Roma.* Medjugorje. Disponível em: <https://medjugorje.altervista.org/doc/visioni/sangiovannibosco/62-lettera.html>. Acesso em: 16 jun. 2021.

D'URBANO, Chiara. *Per sempre o finché dura: processi psicologici del cammino sacerdotale e di vita in comune*. Roma: Città Nuova, 2018.

D'URBANO, Chiara. *Ammettere in comunità persone fragili?* Città Nuova. Disponível em: <https://www.cittanuova.it/esperto/2019/11/18/ammettere-comunita-persone-fragili/>. Acesso em: 18 jun. 2021.

ERIKSON, Erik. *Infância e sociedade*. Rio de Janeiro: Zahar, 1976.

ERIKSON, Erik. *Identidade: juventude e crise*. Rio de Janeiro: Guanabara, 1987.

FERNANDEZ-MAROS, J. M. Fedeltà minacciata, fedeltà custodita. In: *Fedeltà e abbandoni nella vita consacrata oggi*. Roma: Litos Editoria, 2005, p. 15-46.

FERRARI, Gabriele. *Religiosi e formazione permanente: la crescita umana e spirituale nell'età adulta*. Bologna: EDB, 1997.

FIZZOTTI, Eugenio. *Verso una psicologia della religione*. Leumann: Elledici, 1996.

FIZZOTTI, Eugenio. *Verso una psicologia della religione. Il cammino della religiosità*. Leumann: Elledici, 1995.

FIZZOTTI, Eugenio. Orizzonti esistenziali e relazioni del divenire della maturità. *Ricerca di Senso*, v. 4, n. 1, p. 85-95, 2006.

FRANCIS, Leslie. Psychological type theory and religious and spiritual experience. In: *International handbook of education for spirituality, care and wellbeing*. Springer: Dordrecht, 2009, p. 125-146.

FRANCIS, Leslie. Tipi psicologici e vita cristiana. In: *Le malattie della fede: patologia religiosa e strutture pastorali*. Bologna: EDB, 2014, p. 115-139.

FRANCIS, Leslie. *Psychological perspectives on religious education: an individual differences approach*. Leiden: Brill, 2020.

FRANCISCO. *Aos participantes na Assembleia Plenária da União Internacional das Superioras-Gerais*. Vatican. Disponível em: <https://www.vatican.va/content/francesco/pt/speeches/2013/may/documents/papa-francesco_20130508_uisg.html>.

FRANCISCO. Carta encíclica *Lumen Fidei*. São Paulo: Paulus, 2013.

FRANCISCO. Exortação Apostólica *Evangelii Gaudium*. São Paulo: Paulus, 2013.

FRANCISCO. Quando i pastori diventano lupi. *L'Osservatore Romano*, CLIII, n. 111. 2013. Disponível em: <https://www.vatican.va/content/francesco/it/cotidie/2013/documents/papa-francesco-cotidie_20130515_pastori-lupi.html>.

FRANCISCO. *Udienza generale*. Vatican. Disponível em: <http://www.vatican.va/holy_father/francesco/audiences/2013/documents/papa-francesco_20131030_udienza-generale_it.html.>. FRANCISCO. *Santa Missa de abertura do Capítulo Geral da Ordem de Santo Agostinho*. Vatican. Disponível em: <https://www.vatican.va/content/francesco/pt/homilies/2013/documents/papa-francesco_20130828_capitolo-sant-agostino.html>.

FRANCISCO. *Vigília de Pentecostes com os Movimentos Eclesiais*. Vatican. Disponível em: <https://www.vatican.va/content/francesco/pt/speeches/2013/may/documents/papa-francesco_20130518_veglia-pentecoste.html>.

FRANCISCO. *In una brezza leggera*. Vatican. Disponível em: <http://www.vatican.va/content/francesco/it/cotidie/2014/documents/papa-francesco-cotidie_20140613_in-una-brezza-leggera.htm>.

FRANCISCO. *Vence a indiferença e conquista a paz.* Vatican. Disponível em: <https://www.vatican.va/content/francesco/pt/messages/peace/documents/papa-francesco_20151208_messaggio-xlix-giornata-mondiale-pace-2016.html>.

FRANCISCO. *Audiência Geral de 28 de agosto de 2019.* Vatican. Disponível em: <https://www.vatican.va/content/francesco/pt/audiences/2019/documents/papa-francesco_20190828_udienza-generale.html>.

FRANCISCO. *Le amarezze nella vita del prete.* Vatican. Disponível em: <http://w2.vatican.va/content/francesco/it/speeches/2020/february/documents/papa-francesco_20200227_clero-roma.pdf>.

FRANCISCO. *Camminare, edificare, confessare.* Disponível em: <https://www.avvenire.it/papa/pagine/omelia-nella-cappella-sistina-cardinali-elettori>. Acesso em: 18 jun. 2021.

FRANKL, Viktor. *Uno psicologo nei lager.* Milano: Ares, 1987.

FRANKL, Viktor. Una co-esistenza aperta al logos. *Attualità in Logoterapia,* v. 1, n. 1, p. 53-62, 1999.

FRANKL, Viktor. Anche nel buio c'è sempre luce. *Ricerca di Senso,* v. 4, n. 2, p. 152-167, 2006.

FRANTA, Herbert; SALONIA, Giovanni. *Comunicazione interpersonale.* Roma: LAS, 1981.

FRANTA, Herbert. *Psicologia della personalità: individualità e formazione integrale.* Roma: LAS, 1982.

FROMM, Erich. *Psicanalise e religião.* Rio de Janeiro: Livro Ibero-Americano, 1966.

FROMM, Erich. *O medo à liberdade.* Rio de Janeiro: Guanabara, 1986.

GERGEN, Kenneth. Narrative and the self as relationship. In: *Advances in experimental social psychology*. New York: Academici Press, 1988, p. 17-56.

GIUSTI, Edoardo; MONTANARI, Claudia; MONTANARELLA, Gianfranco et al. *Manuale di psicoterapia integrata*. Milano: Franco Angeli, 1997.

GOYA, Benito. *Vita spirituale tra psicologia e grazia*. Bologna: EDB, 2002.

GOYA, Benito. *Psicologia dinamica e vita spirituale*. Roma: Teresianum, 1985.

GRIÉGER, Paul. *La formazione permanente. 1. Formazione e promozione della persona*. Milano: Àncora, 1985.

GRÜN, Anselm. *40 anni età di crisi o tempo di grazia?* Padova: Messaggero, 2008.

IMODA, Franco. *Sviluppo umano: psicologia e mistero*. Casale Monferrato: Piemme, 1995.

JAMES, William. *Le varie forme dell'esperienza religiosa: uno studio sulla natura umana*. Brescia: Morcelliana, 1988.

JOÃO PAULO II. Carta encíclica *Redemptoris Missio*. São Paulo: Paulinas, 1990.

JOÃO PAULO II. Exortação apostólica pós-sinodal *Vita Consecrata*. São Paulo: Paulinas, 1996.

JUNG, Carl. *Tipos psicológicos*. Petrópolis: Vozes, 2011.

LENGUA, Liliana; GARTSTEIN, Maria; PRINZIE, Peter. Temperament and personality trait development in the family. In: *Handbook of personality development*. New York: The Guilford Press, 2019, p. 201-220.

MACKENZIE, Roy. *Psicoterapia breve di gruppo: applicazioni efficaci a tempo limitato*. Gardolo: Erickson, 2002.

MAILLOUX, Noël. Santé mentale et vie religieuse. *Le Supplément*, v. 15, n. 62, p. 480-492, 1962.

MASLOW, Abraham. *Verso una psicologia dell'essere*. Roma: Astrolabio, 1971.

MCADAMS, Dan. The emergence of personality. In: *Handbook of personality development*. New York: The Guilford Press, 2019, p. 3-19.

MILANESI, Giancarlo; ALETTI, Mario. *Psicologia della religione*. Leumann (TO): LDC, 1977.

MURPHY, William. Conflict resolution among clergy. *Human Development*, v. 19, n. 3, p. 9-15, 1998.

NANNI, Carlo. Rapporto educativo. In: *Dizionario di Scienze dell'Educazione*. Roma: LAS, 2008, p. 976-980.

OSWALD, Roy; KROEGER, Otto. *Personality type and religious leadership*. Lanham: Rowman & Littlefield, 2014.

OTTO, Rudolf. *Il sacro*. Milano: Feltrinelli, 1966.

PAULO VI. *Perfectae caritatis: decreto sul rinnovamento della vita religiosa*. In: Enchiridion Vaticanum. Bologna: EDB, 1981, v. 1, p. 384-413.

PAULO VI. *Populorum Progressio*. Vatican. Disponível em: <https://www.vatican.va/content/paul-vi/pt/encyclicals/documents/hf_p-vi_enc_26031967_populorum.html>.

PELLEREY, Michele. *Imparare a dirigere sé stessi*. Roma: CNOS--FAP, 2013.

PERLS, Frederick. *L'approccio della Gestalt*. Roma: Astrolabio, 1977.

PERLS, Frederick. *La terapia gestaltica: parola per parola*. Roma: Astrolabio, 1980.

PERLS, Frederick. *Ego, fome e agressão: uma revisão da teoria e do método de Freud*. São Paulo: Summus, 2002.

POLI, Gian; CREA, Giuseppe. *Tra Eros e Agape: nuovi itinerari per un amore autentico*. Roma: Rogate, 2009.

POLI, Gian Franco; CREA, Giuseppe. *Il tarlo che non consuma: persone consacrate e fede in tempo di crisi*. Roma: Rogate, 2014.

PRADA, José Rafael. *Madurez afectiva, concepto de sí y la adhesión en el ministerio sacerdotal: estudio teórico-empírico según la "teoría del apego"*. Bogotá: San Pablo, 2004.

ROBINSON, Edward. Personnalité et communication dans la vie religieuse. *Le Supplément*, v. 29, n. 93, p. 226-235, 1970.

ROGERS, Carl. *Terapia centrada no cliente*. São Paulo: Martins Fontes, 1992.

RONCO, Albino. *Introduzione alla psicologia*. Roma: LAS, 1987.

SAGGINO, Aristide. *Myers Briggs Type Indicator. Manuale*. Firenze: Organizzazioni Speciali, 1991.

SANAGIOTTO, Vagner. Psicologia e formação: gestão da crise no contexto formativo. *Convergência*, v. 54, n. 526, p. 42-49, 2019.

SANAGIOTTO, Vagner. Caminhar com determinação e um olhar para o futuro. Uma investigação sobre o contexto formativo na Vida Religiosa. *Convergência*, v. 55, n. 531, p. 104-120, 2020.

SANAGIOTTO, Vagner. Crise, sofrimento e descoberta de sentido. In: *O legado de Viktor Frankl: caminhos para uma vida com sentido*. Ribeirão Preto: IECVF, 2020.

SANAGIOTTO, Vagner; PACCIOLLA, Aureliano. Formação à afetividade na vida religiosa consagrada: uma investigação empírica sobre os contextos formativos. *Revista Eclesiástica Brasileira*, v. 80, n. 317, p. 504-518, 2020.

SANAGIOTTO, Vagner; CREA, Giuseppe. Il profilo psicologico dei religiosi in formazione iniziale: attese e prospettive. *Orientamenti Pedagogici*, v. 68, n. 3, p. 67-81, 2021.

SANAGIOTTO, Vagner; PACCIOLLA, Aureliano (org.). *A autotranscendência na logoterapia de Viktor Frankl*. Petrópolis: Vozes, 2022.

SANZ, G. F. Fede. In: *Dizionario Teologico della Vita Consacrata*. Milano: Àncora, 1994, p. 723-737.

SCHULZ VON THUN, Friedemann. *Miteinander reden*. Rowolt: Hamburg, 1981.

SCILLIGO, Pio. *Il circolo interpersonale: teoria e diagnosi*. Roma: IFREP, 1993.

SCILLIGO, Pio. Schemi e Stati dell'Io. *Psicologia, Psicoterapia e Salute*, v. 4, n. 1, p. 1-24, 1998.

SCILLIGO, Pio. Il questionario ANINT-A36: uno strumento per misurare la percezione di sé. *Psicologia, Psicoterapia e Salute*, v. 6, n. 1, p. 1-35, 2000.

SCILLIGO, Pio. La narrazione come fonte di informazione affidabile sul sé. *Psicologia, Psicoterapia e Salute*, v. 8, n. 2, p. 81-110, 2002.

SCILLIGO, Pio. Gli stati dell'Io: definizione dimensionale per la ricerca empirica, per l'analisi clinica e per la formulazione del caso. *Psicologia, Psicoterapia e Salute*, v. 10, n. 2, p. 113-172, 2004.

SCILLIGO, Pio; SCHIETROMA, Sara. Il sistema di attaccamento negli adulti: orientamenti attuali, metodi di osservazione e prospettive future. *Psicologia, Psicoterapia e Salute*, v. 11, n. 3, p. 229-339, 2008.

SHAFRANSKE, Edward. *Religion and the clinical practice of psychology*. Washington: American Psychological Association, 1996.

SPECHT, Jule. *Personality development across the lifespan*. Cambridge: Academic Press, 2017.

SUGARMAN, Léonie. *Psicologia del ciclo di vita: modelli teorici e strategie d'intervento*. Milano: Raffaello Cortina, 2003.

TILLICH, Paul. *Dinamica della Fede: Religione e morale*. Roma: Ubaldini, 1967.

WICKS, Robert; PARSONS, Richard. *Clinical handbook of pastoral counseling*. New York: Paulist Press, 1993.

WULFF, David. *Psychology of religion: classic and contemporary views*. New York: Wiley, 1991.

Rua Dona Inácia Uchoa, 62
04110-020 – São Paulo – SP (Brasil)
Tel.: (11) 2125-3500
http://www.paulinas.com.br – editora@paulinas.com.br
Telemarketing e SAC: 0800-7010081